LA FILLE

DU

MARCHAND

FRAGMENT DE LA VIE PRIVÉE.

(*Imité de l'Anglais*)

PAR

PHILARÈTE CHASLES,

Professeur au Collége de France.

PARIS

EUGÈNE DIDIER, ÉDITEUR,

25 — Rue Guénégaud — 25

MDCCCLV.

LA FILLE

DU

MARCHAND

Abbeville. — Imp. de T. Jeunet, rue Saint-Gilles, 108.

LA FILLE

DU

MARCHAND

FRAGMENT DE LA VIE PRIVÉE,

(*Imité de l'Anglais*)

PAR

PHILARÈTE CHASLES,

Professeur au Collége de France.

PARIS
EUGÈNE DIDIER, ÉDITEUR,
25 — Rue Guénégaud — 25

MDCCCLV.

A mon vieil Ami

Le Docteur Réveillé-Parise.

Je vous ai perdu, mon vieil ami, vous qui consoliez, vous qui saviez ma jeunesse, ses luttes, ses peines et ses modestes travaux. Oh! les douces soirées, quand nous lisions ensemble à Auteuil l'ouvrage curieux de l'avocat de Londres, Samuel Warren, œuvre exubérante, chargée d'ornements, mais pleine d'éloquence et d'ardeur!

Jeune d'âme, délicat d'esprit, armé d'expérience, et cependant aimant les hommes, vous compreniez bien ce qui manque à ce livre, ce qu'il a de précieux et de puissant.

« Voilà, me disiez-vous! de beaux matériaux à » reprendre en sous-œuvre! Tout s'y trouve, en fait » de philosophie et d'éloquence; tout y manque pour

» *le caractère et la simplicité. On voit bien que l'au-*
» *teur n'est pas médecin. Il se donne pour tel, mais*
» *nous autres qui étudions de près la souffrance hu-*
» *maine, nous sommes plus naturels ; nous dissertons*
» *moins.*

» *Il faudrait retrouver l'accent vrai de ces êtres*
» *humains, plonger dans leur âme, se substituer à eux,*
» *détruire la majesté, la rhétorique, la solennité, le*
» *convenu, la surabondance élégante ; retrouver, re-*
» *constituer la vie elle-même ; la vie, cette source de*
» *l'art ; la vie qui n'est pas seulement réelle, mais*
» *idéale ; ni seulement idéale, mais réelle. Essayez !*
» *Nul de nos maîtres, même des plus grands, n'a dé-*
» *daigné ce charmant labeur : Shakspeare a refait*
» *Cinthio ; Molière, Saint-Evremond et Cyrano ; Le*
» *Sage, Hurtado de Mendoza ; Byron, Gœthe ; Dante,*
» *le Moine Albéric; Corneille, Lope de Vega et Alarcon.*

» *Les vrais artistes ne sont pas fiers. Ils aiment*
» *leurs œuvres, ils aiment l'humanité, plus que l'ar-*
» *gent ou la renommée.* »

Vous m'avez dit cela, vous le bon docteur; et comme je réimprime ce petit travail, c'est à vous que je veux penser ; à vous que je le dédie, âme noble et douce, esprit fin et profond, ami qui ne serez pas oublié !

PHILARÈTE CHASLES.

Institut. Mai 1855.

LA FILLE DU MARCHAND.

I.

Une pluie violente battait les toits et bondissait sur le pavé de Londres : c'était vers le milieu du mois de mars 1827. J'attendais dans mon cabinet plusieurs consultations ; mais personne ne venait. Sans doute les plus souffrants de mes malades n'avaient pas le courage de s'aventurer dans ces rues inondées, et de compromettre de nouveau les dernières lueurs de leur santé chancelante. J'étais encore un jeune médecin. Le calus de l'habitude ne s'était pas formé sur mon cœur ; je savais encore sentir et souffrir pour mes semblables. Seul dans mon cabinet d'étude, le coude appuyé sur le manteau de la cheminée, les yeux fixés sur le ciel, d'où s'échappaient des torrents de pluie, je réfléchissais tristement à l'impuissance de la médecine comme à celle de la législation, quand elles veulent guérir radicalement les maux du corps et ceux de l'âme.

Il y avait surtout dans la liste de mes malades, un pauvre maçon, qui m'amenait ordinairement chaque matin un enfant scrofuleux, et dont la femme tombait du haut-mal; cette misérable famille me faisait grand pitié. Une visite à lui rendre, me disais-je, ne me coûtera rien, quelques tours de roue de plus ! Et je me disposais à faire cette bonne action et à visiter le triste asile de ces souffrances obscures; mon cabriolet m'attendait à la porte, et la pluie continuait à tomber avec plus de fureur que jamais, lorsque je vis entrer une jeune personne d'environ vingt ans, dont la physionomie révélait une grande agitation, et dont la tournure annonçait des habitudes distinguées. Elle était mince, svelte, d'une taille bien prise; sa démarche avait de la grâce; et les plis de sa robe, humectés par la pluie, dessinaient des formes élégantes.

— Je vous retiendrai peu de temps, monsieur, me dit-elle : je vois que vous allez sortir.

— Madame, veuillez vous asseoir.

Et je la conduisis vers un fauteuil, sur lequel elle se laissa tomber.

— Jean, ranimez le feu... Cette pluie, madame, vous a traversée; quelques gouttes de vin de Bordeaux vous feraient du bien; approchez-vous de la cheminée. Nous causerons un peu, bien que mes moments, je dois vous en avertir, soient comptés aujourd'hui.

— Oh ! monsieur, je n'abuserai pas de vos instants, je chaufferai seulement mes pieds... Il ne s'agit pas de moi, mais d'une amie qui m'est bien chère, et sur la santé de laquelle j'ai des renseignements les plus précis à vous demander. Elle est malade, elle craint qu'on ne la trompe sur sa situation réelle, et elle m'écrit de la campagne pour me prier de consulter un médecin habile. Vous me direz, j'espère, toute la vérité?

— Mais, madame, sans avoir vu la malade, cela est bien difficile. Le meilleur médecin ne peut, dans ce cas, donner ses observations que pour des conjectures.

— Je vous communiquerai, monsieur, toutes les particularités nécessaires. Je la connais beaucoup : il y a très-peu de temps que je l'ai quittée.

— Fort bien, madame, je suis à vous ; je vous écoute.

Et je m'assis devant elle, et jetant sur ma montre que je tenais à la main, un de ces regards avertisseurs dont le médecin et l'avocat font un si fréquent usage.

— La personne dont je veux vous parler, monsieur, a quelques années de plus que moi ; trente ans ou à peu près. Des chagrins récents et cruels l'ont fort agitée et ont contribué à déranger complètement sa santé. Elle a vraiment bien souffert.

— Votre amie, madame, aura sans doute été déçue dans quelques espérances qui lui étaient chères. Je crois deviner, des peines de cœur, peut-être ?

— C'est à peu près cela... En effet, mon amie avait un attachement très-tendre, assez ancien... et fort honorable... Elle devait se marier : plusieurs obstacles, qu'il paraissait difficile de surmonter, s'opposaient à l'accomplissement de ses désirs. Que vous dirai-je ? Cette histoire est longue et je ne voudrais pas sacrifier notre entrevue à un récit touchant, mais romanesque... Ma pauvre amie a senti sa poitrine s'embarrasser. On craignit que la consomption ne s'annonçât... Enfin le plus affreux accident vint compliquer la situation.

Je m'étais levé d'abord et j'étais resté debout devant la cheminée, la montre à la main, croyant qu'il s'agissait de l'une de ces consultations pour rire auxquelles les jeunes femmes exposent souvent les médecins, et qui leur enlèvent le temps précieux réclamé par de véritables maladies. Mais, à ce mot accident, je commençai à croire qu'il s'agissait de quelque chose de réel, que je pourrais être utile, et je m'assis. L'embarras de la jeune personne m'étonnait. Il y avait cependant peu de suite dans sa narration, et l'intérêt avec lequel elle me parlait de la malade, me semblait bien tendre et bien profond pour une amie.

— Quel accident, madame ? lui demandai-je.

— Une chute, après laquelle la personne dont je

parle est restée étendue sur le pavé. Un cabriolet a passé sur sa poitrine, on la crut morte pendant quelques heures.

— Les côtes ont-elles été endommagées ?

— Non, monsieur le docteur ; mais elle a beaucoup souffert.

— Crache-t-elle le sang ?

— Oui, je le crois du moins...

Elle eut l'air de chercher une lettre, dans laquelle se trouvaient des détails plus circonstanciés ; mais en l'observant plus attentivement, je vis que les larmes obscurcissaient ses yeux, j'avais peine à concilier une émotion si vive avec les premières paroles prononcées par la jeune personne.

— Permettez-moi, lui demandai-je, de jeter un coup-d'œil sur la lettre où se trouvent les renseignements qui vous sont envoyés sur la santé de votre amie.

— Pardon, monsieur, reprit-elle. Quelques affaires particulières s'y trouvent consignées. Je l'ai vue assez récemment, et je puis vous rendre un compte exact de sa situation.

— Sent-elle une douleur à la poitrine ?

— Oui, du côté droit.

— Eprouve-t-elle un mouvement de fièvre la nuit et le matin ?

— Oui, monsieur le docteur, ses mains sont très-chaudes alors. Elle éprouve de la gêne et une inquiétude générale.

— Est-elle incommodée par une transpiration abondante ?

— Oui, la nuit surtout.

— Et elle tousse ?

— D'une manière très-douloureuse, à ce qu'elle dit.

— Depuis combien de temps a-t-elle cette toux ? avant ou après l'accident.

— Mais... si je me le rappelle bien, c'était un an après son mariage.

— Son mariage, m'écriai-je ?

Elle avait oublié qu'elle m'avait présenté son amie comme n'ayant pas pu se marier selon ses désirs. Elle s'aperçut qu'elle venait de « se couper » comme dit le peuple ; et une vive rougeur colora son pâle visage.

— Je me suis trompée... j'ai voulu dire, un an après l'époque où ce mariage devait avoir lieu.

— De quelle nature est cette toux ? Une toux sèche, fréquemment répétée ?

— D'abord cela n'a pas été très-pénible, mais ensuite elle a horriblement souffert.

Je voyais la pâleur de la jeune personne augmenter à chaque instant ; un soupçon traversa mon esprit comme l'éclair traverse le ciel.

— Allons, un peu de franchise, madame ! est-ce que cette amie ne serait pas vous, par hasard ? Vous semblez vraiment indisposée. Répondez-moi, je vous en supplie.

Tout son corps frissonnait, et son embarras augmentait d'une manière visible. Elle essaya de me cacher ce trouble, et balbutia même une nouvelle question qui n'avait pas trop le sens commun.

Bientôt la voix lui manqua ; elle tenta de dérober son trouble à mes regards, ou du moins d'en déguiser la cause.

— Si vous saviez, me dit-elle, combien sa situation me fait de peine et m'inspire de craintes! Ah! monsieur, des qualités si rares! une personne si distinguée! et si je vous disais combien je l'aime...

— Calmez-vous, madame! reprenez vos sens, continuez de me donner des explications qui puissent m'aider à servir, d'une manière efficace, la personne qui vous intéresse! Voyons, un peu de courage.

— Eh bien! reprit-elle, et sa voix tremblait encore, veuillez me dire franchement, docteur, ce que vous pensez? Avez-vous des espérances? Est-ce sans remède?

— Tous les symptômes que vous venez de développer sont graves... et dangereux.

— Il n'y a pas d'espoir? demanda-t-elle d'une voix si faible qu'à peine pouvais-je l'entendre.

— Je ne puis vous répondre sans l'avoir vue, sans lui parler, sans l'interroger sur mille petits faits significatifs. Sans doute elle a un médecin?

— Elle en a eu un... sans doute...

Son hésitation durait toujours ; et je l'attribuais à cette difficulté de prononcer et de soutenir le mensonge, qui est inhérente aux natures bonnes et généreuses.

— Son état de fortune lui permet-il de voyager, madame, de visiter l'Italie ou le midi de la France ? Ce serait là le conseil le plus utile à lui donner.

— Je crains bien que des circonstances particulières ne s'y opposent.

— Mais sa famille ne pourrait-elle lui être utile ?

— Sa famille ne fera rien... rien pour la sauver.

Alors une convulsion assez vive agita ses membres ; elle voulut se relever de son siége, y retomba et s'écria en pleurant :

— Je le vois bien, nous sommes perdus, nous sommes perdus ? Oh ! mon pauvre mari ! Tout est donc fini, plus d'espoir.

La contraction de ses traits augmenta, et après quelques spasmes violents, ses yeux se fermèrent ; elle tomba dans un évanouissement dont j'eus peine à la faire sortir. Je compris alors l'innocent artifice employé par elle pour s'assurer de la situation véritable où son mari se trouvait. Elle ne revint à elle-même que pour verser des larmes et pousser des gémissements dont mon cœur était brisé.

— Pardon, pardon, monsieur, me dit-elle. Je vous ai trompé : je ne suis pas accoutumée au mensonge, voyez-vous. Mais ayez pitié de moi ; je suis si malheureuse ? Pourquoi, folle que je suis, vous ai-je demandé tous ces détails ? J'aurais mieux fait de conserver mon ignorance qui me laissait un vague espoir. O mon Dieu ! mon Dieu ! tout est donc perdu ! mon mari ! mon mari !

Les convulsions recommencèrent ; et comme elle se débattait entre les bras de mon domestique, qui était accouru au bruit, son mouchoir tomba par terre, et une guinée proprement enveloppée de papier roula sur le plancher. Quelques détails de sa toilette, quelques reprises dans son mouchoir, quelques paroles de sa conversation, m'avaient laissé entrevoir une pauvreté réelle, cachée sous une apparence élégante. Je rattachai dans un coin du mouchoir cette guinée qui était évidemment le prix destiné à la consultation médicale, prix arraché peut-être aux longues et douloureuses économies de la jeune femme. Je la priai de monter dans mon cabriolet et de me conduire chez elle à l'instant même. Elle s'y refusa : elle craignait, disait-elle, que l'apparition d'un médecin ne fût dangereuse pour son mari, qui se faisait encore illusion sur son état. Fort ému de cette scène, je lui fis promettre au moins de venir bientôt me voir, et je la priai de remettre à une autre fois le paiement de ma consultation qu'elle voulait absolument me payer.

— Allons, me dis-je, en fermant la porte sur la jeune femme qui se retirait d'un pas chancelant :

voici encore une page sombre que la vie humaine va ouvrir devant moi ! La douleur du corps et de l'âme, unie au dévouement inutile et à la vertu ignorée. *Toujours la continuation du grand chapitre social ;* toujours les mêmes misères et la même injustice, passées en coutumes et en loi.

Quelque temps après, une de ces grandes averses qui occupèrent tout le mois de mars de cette année, me surprit aux environs de Chancery-Lane. Une carte de visite, tombée du mouchoir de la jeune femme, étant restée chez moi, m'avait appris qu'elle se nommait Mme Elliott, et qu'elle habitait le n° 4 de Took's Court, petite rue qui débouche dans Chancery-Lane. Je n'avais pas de cabriolet : la violence de l'ondée commençait à traverser tous mes habits. Je pensai à me refugier dans une boutique où peut-être pourrais-je obtenir quelques renseignements sur la situation d'une personne qui m'avait intéressé, et qui devait être connue dans le voisinage. Un grand écriteau rouge chargé de lettres noires attira mes regards et m'apprit que *William Farren* avait patente pour vendre à peu près tous les objets de commerce, depuis le taffetas jusqu'à la ficelle inclusivement. Je poussai la porte de la petite boutique obscure, encombrée d'objets d'épicerie singulièrement rangés, et dont le maître, petit homme au pied boiteux, à la face narquoise et ridée, achevait de ficeler soigneusement quelques paquets. Il aurait été impossible de distinguer le tabac de la bougie qui se coudoyaient dans ce réceptacle ténébreux, si deux chandelles posées sur le comptoir ne l'avaient éclairé en l'enfumant. Mon homme avait tout-à-fait l'air d'un vieux rat enfoui au milieu de ses provisions souterraines. Je lui demandai la permission de m'asseoir sur un petit banc qui se trouvait là, jusqu'à ce que la pluie fût passée. Il y consentit poliment. Il était causeur et ne tarissait pas sur ses voisins et ses voisines, pourvu qu'on lui permît de faire l'article à toutes les phrases et de développer l'excellence de ses bougies et la qualité supérieure de ses cafés. Quand je l'eus mis sur le chapitre des Elliott :

— Ah ! me dit-il, je les connais, Took's Court, n° 4; il n'y a que deux ou trois mois qu'ils sont là. Le mari n'est pas d'une bonne santé, et celle de la petite femme ne vaut guère mieux.

— Savez-vous ce qu'ils font, et quel est leur état ?

— Pour cela, reprit le vieil épicier, en ramassant sa lèvre inférieure, et reportant ses lunettes sur la sommité de son front chauve, comme s'il eût voulu éclaircir sa pensée, je ne saurais trop vous le dire exactement. Le jeune homme a été dans le commerce, je crois ; il a aussi enseigné la musique, et sa femme travaille à l'aiguille.

Dans ma poche se trouvait la carte de visite sur laquelle Mme Elliott avait tracé son nom ; c'était une de ces petites écritures menues et élégantes dont le trait le plus léger annonce une éducation soignée. Que la main qui avait formé ces caractères fût celle d'une ouvrière en linge ou d'une brodeuse, rien n'aurait pu m'étonner davantage.

— Ils ne sont pas heureux, à ce qu'il paraît, repris-je, ils ont de mauvaises affaires ?

— Monsieur est l'homme de loi ? reprit le vieillard en clignant de l'œil, et en trahissant par l'inflexion de sa voix l'horreur involontaire qu'inspire l'huissier, même à l'avare qui l'emploie.

— Non, vraiment : c'est par intérêt pour les Elliott que je vous adresse ces questions. Je les connais fort peu ; ne disiez-vous pas qu'ils étaient gênés ?

— Je ne les crois pas à leur aise, à vous dire la vérité... bonne paie... jamais de crédit... Il faut leur rendre justice. Mais ce qu'ils dépensent est bien peu de chose, bien peu de chose ! Autrefois une demi-once de thé, troisième qualité, et une livre de sucre tous les deux jours : maintenant, tous les quatre jours seulement et de qualité inférieure... Mais ils paient comptant... et j'aime mieux cela. D'ailleurs, ma dernière qualité de thé vaut les qualités supérieures : permettez-moi de vous en faire juge.

Le petit homme, avec une dextérité étonnante pour un boiteux, mais naturelle pour un épicier, sauta sur un escabeau, déplaça une petite boîte vernie, dont le couvercle disparut sous son index expérimenté, et fit tomber dans le creux de sa main gauche un détestable mélange de feuilles de vigne et de prunelles sauvages qui simulaient du thé. Cette qualité supérieure de thé me sembla digne d'un brevet d'invention, et je laissai l'honorable fabricant la transvaser dans la boîte tout en continuant ses commentaires sur les propriétés médicales de cette étrange composition.

— Mes prix sont si raisonnables, continua-t-il, que je ne comprends pas que Mme Elliott ne vienne pas plus souvent se fournir chez moi, il faut que l'homme et la femme vivent bien économiquement! bien économiquement, monsieur.

Parbleu, continua-t-il, voici une demi-heure que la pauvre petite femme était ici. Il fallait un peu de tapioca et de sagou pour son mari ; et malheureusement il ne m'en restait pas un grain ; je fais un grand débit, monsieur, très-grand malgré la petitesse de ma boutique ; mes riz sont d'une espèce particulièrement *utile à la santé.*

Je vous montrerai mon riz première qualité.

— Tout-à-l'heure. A propos, ne m'avez-vous pas dit que M. Elliott avait donné des leçons de musique ?

— Oui, il est assez fort sur la flûte ; j'ai même eu la complaisance de recevoir ses lettres, quand il se faisait annoncer dans les journaux. J'ai eu cette bonté-là ; c'était une annonce pour ma maison, ajouta l'épicier en se rengorgeant et se redressant. Je ne lui ai jamais connu qu'un seul écolier.

— Et maintenant ?

— L'écolier est parti, monsieur, et la flûte aussi ; une belle flûte noire avec des clefs d'argent. La pareille existe, ma foi, si ce n'est pas la même, chez M. Broking, le prêteur sur gages et le revendeur, en tournant la rue à main gauche. Cent contre un à parier que c'est la même, dont le jeune homme aura obtenu cinq pour cent peut-être ; mauvaises affaires que ces prêts sur gages !

— Oui, vous avez raison, mauvaises affaires !

— Au surplus, continua l'épicier babillard, la perte n'était pas grande ; la flûte ruine la poitrine, comme monsieur le sait bien, et le jeune homme n'est pas vigoureux, tant s'en faut ! La jeune femme lui disait avec sa petite voix douce : Mon cher Eugène, ne jouez plus de cette maudite flûte ! n'en jouez plus ! Mme Elliott a la voix d'une duchesse ou d'une cantatrice qui joue les grands rôles à Drury-Lane. J'ai toujours envie de voir si sa voiture l'attend à la porte : chose impossible, car elle achète un sou de ficelle elle-même !

L'entrée d'un nouveau chaland attira bientôt toute l'attention du vieil épicier qui rejeta ses lunettes sur la courbe osseuse de son nez. Enfin la pluie cessa, et je pris congé de lui, en le remerciant de l'abri que sa boutique m'avait offert. Il se passa une semaine avant que j'entendisse parler de Mme Elliott. Un vendredi soir, en rentrant, je trouvai sur ma table un billet qu'elle avait tracé à la hate sur le dos d'une ancienne lettre ; elle me priait de vouloir bien passer chez elle, Took's Court, n° 4, et de ne pas dire à son mari qu'elle fût venue me consulter une première fois. Ce fut ma première visite le lendemain.

Une boutique de mercier occupait le rez-de-chaussée ; *un escalier fort étroit conduisait au second étage habité par M. Elliott* ; arrivé sur le palier, je trouvai la porte ouverte, et je m'arrêtai quelques moments.

Presque en face de la porte, devant une table chargée de gros registres verts à fermoirs de cuivre, un homme encore jeune était assis et endormi ; la plume, qui venait d'échapper à ses doigts faibles et amaigris, se trouvait par terre. On voyait que cette arme, destinée à combattre la misère, ne l'avait quitté qu'à la dernière extrémité, et que la fatigue du travail la lui avait arrachée. Sur la table même, en face de lui, entre deux énormes cahiers, un jeune enfant en blouse verte jouait avec une autre plume qui occupait toute son attention. Le jeune homme endormi pouvait avoir trente ans ; c'était une de ces têtes expressives dont la beauté physique est éclipsée par une beauté morale et intérieure qui fait naître l'intérêt, sans qu'on puisse s'en expliquer la cause. Ses joues étaient caves, et pour ainsi dire transparentes ; ses cheveux noirs, rejetés sur le côté, laissaient paraître, dans tout son développement, un front large et élevé ; le bras, qui avait laissé tomber la plume, touchait presque à terre. Malgré la rigueur de la saison, il n'y avait pas de feu dans la chambre ; M. Elliott (ce ne pouvait être que lui) avait boutonné son habit noir jusqu'au menton, apparemment pour se garantir du froid. La chambre n'était garnie que des meubles absolument nécessaires, très-propres, et en bois blanc. Le bruit que je fis en entrant frappa le petit enfant qui se retourna, et qui éveilla son père.

— Veuillez entrer..., me dit-il encore assoupi ; je n'ai pas complétement terminé... ; la balance du compte est assez longue à établir... Je n'ai cependant pas perdu de temps ; j'ai travaillé presque toute la journée.....

— Je suis le docteur W..., lui dis-je, en l'interrompant.

— Ah ! pardon, pardon monsieur, soyez assis, je vous prie. Ma femme vient de sortir ; je regrette infiniment qu'elle ne soit pas ici.

— J'aurais été charmé de la voir. Mais c'est à vous, monsieur, que s'adressait ma visite. Votre santé n'est pas bonne, m'a-t-on dit : me voici prêt à vous donner tous les conseils et tous les secours que mes études peuvent me fournir.

— En effet, je souffre, monsieur ; il y a déjà longtemps que je ne me sens pas bien ; mais la tendresse de ma femme exagère sans doute le danger que je cours.

Ses réponses à mes questions médicales furent exprimées avec une précision, une netteté, une simplicité qui faisaient honneur à son esprit et même, il faut le dire, à son courage. Une maladie de foie s'était annoncée depuis longtemps, et une vie trop sédentaire et trop laborieuse n'avait fait qu'en aggraver le péril. Il me raconta l'accident dont Mme Elliott m'avait parlé et dont il me donna tous les détails. Hélas ! le malheureux jeune homme marchait d'un pas rapide vers la phthisie hépathique, et quoique sa situation de fortune semblât devoir rendre impossible ou du moins très-difficile l'exécution de l'avis que je donnais, je lui conseillai le changement d'air et les voyages comme le seul remède vraiment applicable dans sa situation.

Alors Mme Elliott rentra.

— Voyager en Italie ! s'écria-t-elle.

Le mari et la femme se regardèrent, et la femme changea de couleur. Dans ce double regard, je lisais toute l'amertume de leur situation, tout ce qu'ils souffraient l'un pour l'autre, tout ce que leur causait d'angoisses la cruelle nécessité, la maladie et la pénurie. Ce qui me touchait le plus, c'était la pudeur souffrante du malheureux jeune homme qui voulait encore déguiser sa pauvreté ; la pauvreté ! le plus grand des crimes parmi nous ! Ce petit enfant blond et riant qui arrêtait sur moi ses grands yeux noirs ; cet enfant, le seul objet de consolation et d'avenir, jeté dans une vie sombre et sans espoir, ces deux destinées, hors de leur place, chose commune, hélas ! à notre époque ; cette vertu perdue, à laquelle personne ne faisait attention ; ce dévouement que la puissance ignore ; cette grandeur plus belle et plus courageuse que celle du champ de bataille ; cette tragédie domestique sans larmes, presque sans paroles, dont les acteurs étaient une femme aimante, patiente, douce, un enfant qui sourit et un jeune homme malade ! La fierté pauvre mais sans orgueil ; la mort qui s'avançait terrible au milieu de la pauvreté ; tout cela composait un spectacle affreux pour l'âme : scène paisible, sans cris, sans violences. Comment aurais-je osé accepter le paiement de ma visite ? Mais comment aussi le refuser ? Rien de plus fière que l'honnêteté malheureuse. Fallait-il les blesser par un refus ? N'était-il pas doublement cruel d'offenser la délicatesse et la susceptibilité de l'honneur ? La veille même un homme fort riche du canton d'Essex m'avait presque mendié la guinée qu'il me devait. Il l'avait laissée glisser dans mes mains comme si c'eût été une goutte de sang tombée de son cœur.

J'avais été honteux pour cet homme ; aujourd'hui j'étais embarrassé de repousser l'argent d'Elliott. Je craignais d'avoir l'air de lui faire l'aumône. Heureusement, le petit enfant vint à moi en jouant : je le pris sur mes genoux et je plaçai dans sa petite main, que je refermai, la guinée brillante dont il s'amusa. M. Elliott pâlit et voulut parler ; une larme vint mouiller les yeux de sa femme. Je partis plus brusquement que je ne l'aurais fait dans toute autre circonstance ; elle me suivit du regard. Annales de la pauvreté, annales de la douleur, qui vous écrira jamais comme vous méritez d'être écrites !

Mes visites devinrent assez fréquentes. J'eus de la peine toutefois à arracher M. Elliott et sa femme à la réserve qu'ils s'étaient imposée : un travail constant minait la santé du jeune homme, travail qui ne me semblait pas recevoir une récompense équivalente. Devais-je lui recommander le repos ? c'était le condamner à la mort. Travailler ou mourir, voilà pour lui le dilemme de la vie. Souvent je voyais Mme Elliott, sa femme, s'occuper avec un zèle et une assiduité extrême à des ouvrages de broderie, beaucoup trop riches pour qu'elle pût les destiner à son propre usage.

Un jour qu'elle était ainsi occupée je lui dis :

— Dans les premières années de notre mariage, ma femme travaillait aussi comme vous, madame !

Elle releva la tête, quitta son aiguille, fixa sur moi pendant quelques moments un regard étonné, puis fondit en larmes. Notre intimité n'était pas encore assez familière pour qu'elle me laissât pénétrer dans le détail de ses malheurs. Au bout d'un mois seulement, lorsque la santé de son mari déclina visiblement, j'obtins d'elle ou plutôt je surpris les aveux que l'on trouvera dans le récit suivant. Ne les lisez pas, qui que vous soyez, si vous méprisez les minuties de la vie privée, les chagrins de tous les jours, les petites misères qui sont, hélas! les grandes misères de l'humanité.

Les fautes des pères écrasent la destinée des enfants. C'est une injustice du destin, mais une injustice éternelle, inévitable. M. Henri Elliott, colonel de cavalerie, homme brave, distingué, mais joueur de profession, se suicida en 1812 après avoir fait une perte considérable. Le seul héritage que recueillit son fils, Eugène Elliot, élevé à Cambridge, se composait de dettes énormes et d'un nom flétri. Sa mère était morte, dans un grenier, six mois avant le suicide. Eugène ressemblait à sa mère, dont il avait la délicatesse, la résignation, la distinction, et cette force d'âme pleine de douceur que les hommes prennent pour de la timidité. A vingt ans, il lui fallut vendre ses livres, renoncer à ses études, quitter ses compagnons de classes, abdiquer ses habitudes élégantes, pour entrer en qualité de commis d'écritures dans la maison de commerce de Frédéric Hallory et Ce, près de Ludgate. Des recommandations assez puissantes furent nécessaires pour lui procurer cette pauvre place, qui ne lui laissait, dans toute la journée, qu'une heure de repos, consacrée à ses repas. Une vaste correspondance à soulever; des livres de comptes à tenir; de nombreuses courses à faire; soixante guinées par an; une petite chambre au troisième étage, dans un faubourg; des repas d'ouvriers, point d'amis, car il était pauvre; une santé qui, toujours faible, s'altérait encore par le nombre et la fatigue de ses travaux; cette misérable tyrannie, qui, descendant des hauteurs de la société, accumule sa vitesse et son poids par le nombre des degrés qu'elle parcourt; le dédain, l'indifférence, le mépris de tous les employés de la maison de commerce pour un nouveau-venu, qui avait été élevé pour le monde, et qui apportait parmi eux d'autres habitudes et d'autres mœurs : telle fut, pendant un an, l'existence d'Elliot. Il ne se découragea pas; il essaya de vaincre l'indifférence par le travail, et la haine par la bienveillance. En effet, comme il était plus utile qu'un autre, on le paya un peu davantage : c'est ainsi qu'on nourrit mieux un cheval dont le labeur profite au maître. Son salaire augmenta progressivement et finit par être porté à 90 livres sterling par an, somme qu'il ne dépassa plus.

M. Hallory, le maître de la banque, n'était pas

assez sot pour s'intéresser à qui que ce fût : c'était une de ces bonnes têtes commerciales, pour qui les hommes ne sont pas des hommes, mais des ressorts qu'il s'agit de faire jouer aux moins de frais possible. Aussi n'avait-il pas donné un moment d'attention à Eugène Elliott. Le portrait de M. Hallory est celui de toute une race : imaginez un gros corps carré par les extrémités, rond et proéminent par la ceinture ; aux cheveux crépus et blancs, au front bas et arrondi : une tête osseuse sur laquelle on lisait écrit, en gros caractères : *Le Gain !* Il n'était pas sans mérite comme négociant ; *il savait attendre, choisir et exploiter*. Il savait être insolent dans le succès, souple dans l'adversité, flatteur pour ceux dont il avait besoin, tyrannique pour ceux qui avaient besoin de lui. D'abord garçon de courses, puis garçon de caisse, sa prudence entreprenante n'avait pas tardé à le mettre hors de ligne. Devenu capitaliste, il avait fini par épouser la veuve de son patron, et cette veuve en mourant lui avait laissé une fille unique fort intéressante. Sa prétention était d'exploiter encore cette fille unique, en faveur de son orgueil, et de la marier à un membre de l'aristocratie, qui apporterait dans la famille des Hallory le majorat de la pairie, et l'illustration des aïeux. Aussi avait-il donné beaucoup de soin à l'éducation de Marie.

Un jour, ce grand homme, objet d'envie pour tous, descendait de sa voiture, en face de la Bourse, son pied portant à faux, il tomba sur le pavé et reçut plusieurs blessures graves. Les médecins le condamnèrent à garder le lit, pendant plus de neuf mois : grand supplice pour un homme actif, ardent, âpre à la curée, incapable d'étude ou de rêveries, qui craignait de se voir dépasser dans la route du lucre par ses compétiteurs, et de laisser aux employés de sa maison l'occasion de se relâcher dans leurs devoirs ou celle de le voler impunément. Sa fille lui servit de garde-malade. Elliott, le plus actif et le plus laborieux des commis, fut chargé de venir prendre les ordres du maître, tous les matins, à huit heures, de faire ses commissions dans la Cité et lui rapporter son livre de banque, dûment enveloppé. C'était doubler la fatigue du jeune homme, sans augmenter son bénéfice. Il s'exposait aussi de plus près à l'irascible et intolérable âpreté du malade, que sa situation irritait, et qui ne voyait aucun motif pour ménager un homme qui dépendait entièrement de lui, qui gagnait quatre-vingt-dix malheureuses livres sterling par an.

Par un étrange hasard, le jeune homme et la jeune personne s'étaient connus à une époque où Eugène devait tenir un rang dans le monde, et où le bonheur et la fortune l'attendaient. Quelques fêtes de campagne avaient vu Eugène être l'un des danseurs les plus assidus de la jeune Marie. Il ne lui rappela pas cette circonstance; il savait que la fortune et la pauvreté sont séparées par un gouffre infranchissable. Mais Marie le reconnut. Le ton brusque, dur et impérieux du négociant envers son commis, firent naître chez la jeune personne une commisération naturelle. *C'est un des sentiments des femmes que cette vive révolte qu'elles éprouvent contre les iniquités que le monde respecte.*

Ce pauvre commis, maigre, pâle, exténué, se tenant debout en face du grand seigneur pécuniaire, tourmenté par mille questions, en butte à ses insolences, silencieux sous le feu de ses brutalités, parut d'autant plus digne d'intérêt à Marie, qu'il avait été destiné à un rang élevé. Infiniment supérieur à son bourreau, par l'éducation et les qualités de l'âme, il avait la figure la plus noble et s'armait d'une résignation héroïque. Marie s'en aperçut.

Comme le père ne voulait être servi que par sa fille, elle était toujours là quand il donnait ses ordres au commis; et le traitement qu'il lui faisait subir frappait le cœur de Marie. Elle n'avait plus de mère; une vieille tante, chargée autrefois des affaires de la maison, était tombée en paralysie. Non-seulement M. Hallory se montrait dur envers elle comme envers tout le monde, mais elle sentait qu'il n'avait pas droit à son estime; triste et douloureux instinct du mépris filial; affreux sentiment qui la privant d'affections légitimes et la condamnant au simple devoir, augmentait la tendresse naturelle d'un cœur qui demandait un aliment et un appui. La jeune fille n'avait pas lu de romans, elle allait rarement au théâtre; elle ne savait pas que son cœur s'attachait à son insu; ce jeune homme, qu'elle croyait plaindre et estimer, elle l'aimait déjà. Avec ses sentiments grossiers, sa volonté de fer et la conscience de la force brute que donne l'argent, Hallory était parfaitement aveugle. L'espèce de danger qu'il faisait courir aux jeunes gens, lui était inconnu. Il fallait que sa fille restât là, toujours là, pour entendre les rapports modestes du commis, sa voix douce et mâle, les imprécations du père, enfin pour mesurer toute la distance qui séparait l'un de l'autre. Elliott ne soupçonnait pas que Marie pût s'intéresser à lui, encore moins l'aimer. Mais une entrevue de deux heures par jour rapprochait ces deux personnes, aussi semblables par le caractère et l'éducation, qu'éloignées par la fortune et le sort; et le père n'avait pas calculé les résultats d'un tel rapprochement.

Un jour, Elliott apportait à son patron des lettres que Hallory lui arracha violemment des mains. Le jeune homme resta debout devant lui, soldat à son poste, le visage pâle, les jambes fatiguées et chancelantes.

— Vraiment, mon père, dit Marie, M. Elliott a l'air très-souffrant! puis-je lui offrir un peu de vin?

— Oui ! dit machinalement Hallory, qui dévorait des yeux une lettre dont l'intérêt était pour lui puissant et douloureux : il s'agissait de l'arrivée d'une forte partie de gomme arabique qui détruisait un monopole lucratif, et préparé par lui à grands frais. Une trentaine de mille livres sterling de plus ou de moins dépendaient de cette circonstance. Le verre de vin que sa fille offrait d'une main tremblante à Eugène Elliott, ne causa pas une distraction au père. Elliott se pencha pour prendre le verre en saluant la jeune fille; alors, des yeux bleus de Marie, jaillit l'éclair magnétique qui décida de toute leur vie ; deux destinées furent fixées. Marie baissa les yeux, effrayée elle-même. Elle alla se placer devant la fenêtre, en tournant le dos à Eugène. Elliott resta perdu dans ses rêveries; le trouble de l'un, l'étonnement de l'autre, échappèrent également à M. Hallory, menacé dans le sang de ses veines, dans la pléthore de sa caisse, dans une partie de ses gains. Il s'écria d'une voix de tonnerre :

— Mon pupitre, Marie, mon pupitre !

— Mais, mon père, vous ne m'avez pas dit...

Marie ne savait ce qu'elle disait; du sein des nuages où elle était plongée, elle n'avait pas compris la demande fort simple de son père.

— Etes-vous folle ? Etes-vous sourde ? hurla le vieux Hallory. Mon pupitre ! vous dis-je.

Il ne se doutait pas que ces cinq minutes, pendant

lesquelles son esprit s'était occupé de livres sterling, de primes et de monopoles, avaient commencé un drame qui engageait toute sa vie, et renversait ses desseins. Il écrivit rapidement plusieurs lettres, se pencha à l'oreille d'Elliott, le chargea d'un nombre de commissions, qu'il était difficile d'accomplir en un seul jour, et le poussa par les épaules, en lui recommandant la promptitude, et le menaçant de sa colère en cas d'oubli ou de lenteur.

Lorsque les médecins permirent à M. Hallory de ne plus garder la chambre, le mal était fait. La timidité et la pudeur naturelle de la jeune fille avaient été vaincues par l'intérêt profond que lui inspirait la situation du jeune homme.

Ce ne fut point, à vrai dire, une intrigue amoureuse; il n'y eut ni séduction de la part d'Elliott, ni entraînement romanesque du côté de Marie. Chaque jour, la position même où tous les deux se trouvaient, l'isolement de Marie, l'intimité à laquelle l'imprudence de M. Hallory les exposait, les rendaient plus nécessaires l'un à l'autre : leur vie se trouvait mystérieusement enchaînée. Victimes de la même dureté, associés dans les souffrances qu'un caractère impérieux inflige à ce qui l'entoure, voisins à l'église, lorsque M. Hallory, se retirant sous les ombrages de sa campagne d'Hampsteat, laissait sa fille à Londres, chargée de régler quelques comptes et de tenir la maison; ils cédèrent insensiblement, involontairement, à la fatalité qui les unissait. Il naquit de cette circonstance un de ces liens énergiques, indissolubles, que le sort ne peut détruire, et que la volonté des hommes n'a pas créés. Un dimanche, Eugène Elliott, voyant Mlle Hallory sortir seule de l'église, s'approcha d'elle, lui offrit le bras, la reconduisit jusque chez son père, qui, certes, aurait fait gronder le tonnerre de son courroux, si un tel spectacle eût frappé ses yeux ; et les cœurs, depuis longtemps complices, s'entendirent enfin. Ce ne fut pas sans combats, sans reproches intérieurs, sans crainte et sans repentir, que les deux jeunes gens se livrèrent à la fatalité qui les poussait. Un an s'était écoulé. Les rapports journaliers de Marie et d'Eugène se trouvant tout-à-coup rompus par la convalescence du père, l'amertume de cet éloignement subit précipita les confidences mutuelles qui, jusqu'alors, avaient été incomplètes ou timides. Enfin, avant que M. Hallory eût conçu le moindre soupçon, une correspondance s'était établie entre les jeunes gens. Un mardi soir, le repas du gros M. Hallory était prêt; il semblait moins sourcilleux qu'à l'ordinaire, la grimace d'un sourire joyeux se dessinait sur ses lèvres. Il s'assit à table, près de sa fille, d'un air rayonnant. De temps à autre, son œil faux et louche clignotait en la regardant avec amour. Toute cette pantomime n'échappait point à Marie, qui l'expliquait en supposant quelque heureuse spéculation, accomplie selon les désirs de l'avide marchand. Mais au dessert, comme la jeune fille allait se retirer, le père tenant élevée près de ses lèvres une rasade de vin de Porto.

— J'ai une fameuse nouvelle ! Marie, fameuse ! Il a été question de toi à la Bourse.

La rasade fut engloutie, et les lèvres de l'heureux commerçant résonnèrent comme si la double saveur du vin et de la nouvelle dont il voulait parler, l'eussent pénétré d'une joie indicible.

— Parlé de moi à la Bourse ? répliqua Marie..... Qu'ai-je de commun avec la Bourse, mon père ?

— Qu'ai-je de commun ? qu'ai-je de commun ? répéta le père, en faisant la petite voix... Être jeune fille et prendre mari, c'est très-commun, je crois ; c'est très-naturel, j'espère.

— Vous aimez bien à plaisanter, mon père ! s'écria Marie, qui, sans trop savoir ce qu'elle faisait, porta le verre à ses lèvres, et le but d'un seul trait.

— Plaisanter ! Parbleu non ! L'affaire est trop engagée, pour que je m'amuse à te la cacher.

— Trop engagée ?

— Et oui ! engagée, conclue, finie, terminée. Un marché est un marché ; une parole est une parole : il n'y a pas à se dédire. Vous êtes ma fille, ou vous ne l'êtes pas ! Depuis longtemps je cherche pour vous un bon mariage. Le voilà trouvé, ma foi, un excellent parti, je t'assure !... Tu seras vicomtesse.

Marie, Marie !... Et le jour où je verrai des armes briller sur les panneaux de ta voiture, je ferme boutique; adieu au négoce, c'est fini, je me repose. Eh! qu'en dis-tu ?

— Ce que j'en dis ! répéta machinalement la jeune fille, dont les doigts tremblants jouaient depuis trois minutes avec les coins de son mouchoir de batiste.

Sa figure était blanche comme la neige; elle frissonnait de tout son corps.

— Eh bien ! eh bien ! qu'est-ce que cela ? si pâle ! si épouvantée ! Pourquoi as-tu peur ? J'ai peut-être été un peu trop brusque, comme le disait feue ta mère. J'aurai dit trop rondement la chose; mais l'affaire est faite, il n'y a plus à y revenir.

Marie essaya de se lever de sa chaise, mais elle était si faible qu'elle retomba en pâlissant davantage. Le père approcha la sienne, et passant une main sous le menton de Marie, de l'autre prenant les petites mains de sa fille :

— Eh ! mais comme tes mains sont froides ! Allons donc, quel enfantillage !... Marie ! c'est absurde ! eh bien ! tu ne réponds pas !... Allons donc, petite sotte ! est-ce qu'on s'effraie ainsi d'une plaisanterie ? peut-être la mienne a-t-elle été trop loin !

— Ah mon cher père !... C'était donc une plaisanterie ? s'écria la jeune fille en se relevant et arrêtant sur lui un regard fixe qui étincelait.

Puis, se laissant aller sur ton siége, elle subit un évanouissement complet. La voix forte du père retentit dans la maison ; une armée de domestiques accourut à ses cris, on emporta la jeune fille dans sa chambre, et le père prit à sa santé d'autant plus d'intérêt, qu'il voyait en elle une vicomtesse future. Au fond, cependant, il regardait toutes ces simagrées comme fort inutiles, et intérieurement il envoyait au diable toutes les grimaces des petites filles. Avait-il le droit ou non de placer sa fille au plus haut intérêt possible ? Cette question ne s'était pas offerte à sa pensée ; autant aurait valu lui demander s'il avait le droit de tirer à vue sur son banquier de Lombard-Street.

Toute la nuit, Marie Hallory fut fort agitée : elle ne parut pas à déjeuner, à dîner elle ne mangea pas. Elle avait trouvé moyen d'écrire à Elliott une lettre fort incohérente, mais qui contenait à peu près le récit de ce qui lui était arrivé la veille. L'humeur du père, déjà fort âpre le matin, n'avait fait que s'aigrir pendant le jour.

— Ah çà ! qu'est-ce que tout cela veut dire, s'écria-t-il vers la fin du dessert ? que signifie tout cet embarras que vous faites ? qu'avez-vous depuis hier ?

— Vous savez, mon père, répondit-elle en tremblant, que vous m'avez dit hier des choses qui m'ont bien étonnée.

— Etonnée ! allons donc ! vous allez vous marier; une fille n'est faite que pour cela. Voyons, causons un peu, continua-t-il d'un ton plus doux, et résolu à employer cette fois une tactique savante.

— Cela m'a étonnée, mon père, en vérité ; je suis si heureuse auprès de vous.

La pauvre fille faisait à son tour un peu d'innocente diplomatie.

— On ne vit pas toujours, ma chère. Il faut s'établir : un mariage, c'est un réglement de comptes en partie double. Qu'aurais-tu à m'opposer, quand même j'aurais parlé sérieusement l'autre jour ?

— Mais, mon père...

— Mais, mon père, mais, mon père ! Je n'entends rien à toutes ces grimaces-là ; je ne veux pas que vous fassiez la mijaurée.

Il s'arrêta et but lentement un verre de vin de Madère, avant de reprendre la parole.

— Avez-vous entendu parler du vicomte Géraldin Scamplett ?

— J'ai lu son nom une ou deux fois dans les journaux ; un joueur déterminé, n'est-ce pas ?

Cette question de la diplomate était accompagnée du regard le plus fixe et le plus calme : elle porta coup.

— Allons donc ! reprit le père furieux, en faisant rouler entre son index et son pouce les breloques de sa montre. C'est un mensonge, un mensonge infâme ! les journaux ne font que mentir ! Lord Scamplett est un homme du monde ; un jeune homme de bonne famille ; un charmant garçon, qui dîne chez moi dimanche prochain.

— Chez vous ?

— Oui, chez moi ! Est-ce que je ne suis pas libre d'inviter un vicomte à ma table, si cela me convient... et d'en acheter une demi-douzaine, si je veux, ajouta-t-il en mettant ses mains dans ses poches, comme s'il avait dû y trouver tous les vicomtes de l'univers.

— Encore faudrait-il, mon cher père, répondit la jeune personne en se levant, s'appuyant sur son épaule et le baisant, encore faudrait-il qu'ils valussent la peine d'être achetés. Tenez, j'aimerais mieux un négociant estimé que cent vicomtes méprisés et qui nous méprisent... nous autres, pauvres gens de comptoir.

— Pauvres gens de comptoir ! pauvres gens de comptoir! C'est vrai. Après tout la petite n'a pas tort !

Et le marchand, en achevant son verre de vin de Madère, avait l'air aussi magnifique et aussi solennel que s'il eût été Doge de Venise.

Toute l'adresse diplomatique de la jeune fille alla se briser contre la résolution du père ; il fallut que Jenny, la femme de chambre, s'occupât sérieusement de la parure de Marie, et la fit aussi belle que possible.

— Prouvons, disait le père, que nous avons aussi de jolies filles, nous autres gens de comptoir !

Le vicomte Scamplett, noble ruiné par la roulette et l'écarté, avait résolu la conquête de Marie ; il trouvait fort commode d'acquérir, avec une personne bien élevée et jolie, cent mille livres sterling comptant, destinées à soutenir ses trente-deux ans, perdus de vices, sa pénurie actuelle et ses dettes anciennes : aussi fut-il exact au rendez-vous. Il fit la cour à Marie, comme on fait une affaire, comme on s'acquitte d'une formalité. Le dîner du dimanche se passa tristement : aux galanteries fades qui tombaient de ses lèvres, la jeune fille répondait par le plus froid silence ; à ses politesses maniérées, par une indifférence impassible. Le vicomte séducteur, l'homme du monde, fut complètement battu dans cette joute par une petite fille de bourgeois. L'espoir d'une haute conquête pécuniaire put seul mitiger l'ennui que lui causait la défaite de son amour propre. Son courage fut héroïque : il continua sans broncher ses assiduités inutiles ; bravant le mépris dont un léger voile de politesse transparente lui cachait à peine l'outrage. Il ne se découragea pas. Le père, que cette tactique de sa fille embarrassait et qui craignait avant tout de voir la couronne vicomtale échapper à ses désirs, se mettait en frais énormes auprès de lord Scamplett pour lui dérober une partie de la vérité. Il lui prouvait de son mieux que sa fille était fort timide et que *c'étaient-là de ces niaiseries de demoiselles auxquelles il ne fallait pas s'arrêter*. De guerre lasse, la pauvre Marie allait finir par avouer à son père la vérité entière, afin d'échapper à la torture que le vicomte lui faisait éprouver, lorsqu'un événement bien autrement dramatique lui épargna cette confidence.

Sur les midi, au moment où Marie, accompagnée de sa femme de chambre, choisissait des étoffes dans un magasin de Holborn, M. Hallory, escorté de son avoué, M. Jeffrey, homme grave et honorable, rentra chez lui à l'improviste. Jamais on ne l'avait vu, à une telle heure, quitter l'enceinte de la Cité. Il était furieux, son sourcil abaissé, son front contracté, ses lèvres tordues par la colère. Il marcha droit à la chambre de sa fille, y prit un pupitre, le porta chez lui, le brisa, et remit à l'avoué un paquet de lettres qui s'y trouvait. M. Jeffrey mit ses lunettes, parcourut ce paquet de papiers, et lut gravement avec le ton posé d'un homme de loi la correspondance intime des deux amants, car c'était là le secret que le père de Marie avait découvert. M. Hallory l'écoutait, les poings fermés, les nerfs tendus, les cheveux hérissés, l'œil fixe. La porte s'ouvre, c'est Marie qui rentre. Il l'aperçoit, et tremblant de fureur, mais sans ouvrir les lèvres, il lui montre les papiers répandus sur la table et le pupitre qui les avait contenus. La jeune fille poussa un grand cri et tomba sur le parquet. L'avoué Jeffrey était humain, il secourut Marie et la calma de son mieux ; on l'emporta. Mais il ne put apaiser le courroux du père.

Comment le secret de la correspondance d'Elliott et de Marie avait-il été découvert ? Toutes les conjectures des jeunes gens furent inutiles ; ce qu'il y avait de plus probable, c'est que la femme de chambre, qui avait protégé les amours d'Elliott, trouva bon de se mettre à couvert elle-même en trahissant ceux qu'elle avait servis. Le lendemain, Elliott reçut l'ordre de se présenter chez son patron à midi précis. Il ne soupçonnait pas ce qui l'attendait. Cependant l'air sombre et farouche du concierge, l'accueil glacé du domestique, lui semblèrent de mauvais augure. Ces gens-là sont des télégraphes véridiques et vous annoncent la bienveillance ou la malveillance du maître. Introduit dans le cabinet de M. Hallory, il y vit ce respectable personnage, assis devant une grande table couverte de papiers. Près de lui se trouvait l'avoué.

— Ah ! s'écria le marchand, en fixant sur Elliott un œil enflammé ; vos artifices sont découverts ; vos perfidies sont connues !

— Perfidies ! s'écria Elliott qui pâlit.

— Oui, misérable !... oui... Et de son poing fermé il menaçait Elliott.

— Au nom du ciel, calmez-vous, lui dit tout bas Jeffrey, puis se retournant vers Elliot d'un ton sévère :

— Vous n'ignorez pas, monsieur, le motif trop juste du trouble qui se manifeste chez M. Hallory ?

Elliott baissa la tête sans répondre et parut attendre une explication.

— Oh ! l'infâme ! oh ! le brigand ! continuait Hallory. Ton père était un scélérat ! Il s'est tué, fais de même !

La pâleur d'Elliott devint cadavéreuse ; sa prunelle se dilata ; puis dirigeant son regard sur Jeffrey, il sembla lui demander en grâce que ce supplice atroce eût un terme. En effet, l'avoué murmura quelques paroles à l'oreille de M. Hallory qui se tut, comme effrayé lui-même des paroles qu'il venait de prononcer.

— Voulez-vous vous asseoir, M. Elliott ? reprit Jeffrey avec douceur.

— Elliott, dont les deux mains tenaient son chapeau serré avec une étreinte convulsive, resta debout.

— Veuillez ne pas oublier, monsieur, reprit l'avoué, que M. Hallory se trouve dans une situation toute spéciale et que c'est vous, monsieur, vous, qui l'y avez placé !

— Ah ! tu as osé penser que ma fille serait pour toi! pour toi ! reprit M. Hallory, en se soulevant sur son fauteuil. Bien, bien ! mais, mille tonnerres ! je suis là pour gâter vos plaisirs et déranger vos affaires !

— Vous ne pouvez penser sérieusement, monsieur, reprit l'avoué avec la même gravité calme, que Mlle Hallory puisse et doive s'allier à vous : cela tombe sous le sens.

— Que signifient toutes ces questions, et la manière extraordinaire dont on les prononce? Qu'ai-je dit qui puisse autoriser ?...

— Oh ! épargnez-vous la peine de déguiser la vérité, monsieur ! Voici des lettres de votre main, qui expriment vos sentiments beaucoup mieux que vous ne pourriez le faire. Tout est connu.

— Eh bien! monsieur, ces lettres, je le suppose du moins, sont écrites par moi et s'adressent à Mlle Hallory. Quelle que soit la malheureuse situation où je me trouve, et bien que j'avoue ne pas devoir prétendre à la main de cette jeune personne, j'ai voué à Mlle Hallory un attachement qui ne finira qu'avec ma vie.

— Ah ! l'entendez-vous ? le monstre ! l'infâme !

M. Hallory se leva. Puis se promenant entre la table et le jeune homme d'un pas rapide et furieux, il se mit à lancer une volée d'exécrations et d'imprécations dont la grossièreté ne peut trouver place ici. L'avoué, se penchant à son oreille, lui adressa avec fermeté quelques mots qui le forcèrent à retomber sur son siége. Alors il croisa les bras, et, murmurant je ne sais quelles imprécations sourdes et profondes, il resta comme immobile.

— Vous voyez, monsieur, reprit Jeffrey, à quelle misère et à quelle douleur est condamné mon client par votre conduite plus qu'étourdie, et que je ne qualifie pas autrement. Je désire qu'il soit temps encore d'abandonner vos projets insensés. Nous avons lieu de craindre, d'après les expressions contenues dans vos lettres, que la fille de monsieur n'ait écouté avec quelque complaisance les expressions d'un amour présomptueux et d'une espérance que rien ne justifie ; non ! rien, monsieur, vous devez en convenir, ni votre âge, ni votre position , ni votre fortune, ni votre avenir, ni votre éducation, ni votre naissance.

— Supprimez ces deux derniers mots ! interrompit avec force Elliott.

— Ah !... s'écria le père qui ne put se contenir alors. Vous ! mon salarié ! vous, à mes gages ! mon valet ! vous mendiant !

Elliott se tut. L'avoué, un peu piqué peut-être par le sang-froid extrême et le calme presque insultant du jeune homme, reprit, avec un peu d'aigreur :

— Ne disputons pas sur les mots. L'affaire qui nous intéresse est trop grave pour admettre ce genre d'altercation. Le bon sens et l'honneur vous défendent, monsieur, de continuer une entreprise condamnable, injuste, folle, ridicule sous tous les rapports et impossible à mener à fin. De toute manière, M. Hallory est déterminé, résolu à ce que les choses n'aillent pas plus loin.

— Certes, certes! j'y suis déterminé, j'en jure Dieu!

M. Hallory dévorait du regard le jeune homme. M. Jeffrey contemplait avec étonnement la fermeté calme dont il s'armait.

— Eh bien! dit ce dernier; parlez! que voulez-vous que je fasse?

— Renoncez immédiatement et absolument à toute espèce de prétentions. Remettez à Mlle Hallory les lettres qu'elle vous a écrites; engagez-vous à cesser toute correspondance et à n'avoir plus aucun rapport avec elle. Nous vous offrons une place à l'étranger, place excellente, assurée, et de plus cinq cents livres sterling de rente sur l'état.

— C'est vrai, reprit le père; c'est cela! je le promets!

Et quelque chose de suppliant se mêlait à sa vive colère. Mais comme Elliott ne bougeait pas, ne desserrait pas les lèvres, l'avoué, avec plus d'adresse encore, fit valoir à ses yeux la situation précaire où se trouverait Mlle Hallory, dans le cas d'un mariage avec Eugène : l'insuffisance de ses ressources personnelles qui ne s'élevaient pas à plus de six cents livres sterling en tout : l'affreuse perspective de misère qui s'offrait à tous deux, comme châtiment de l'ingratitude de la fille et de l'audace du jeune homme ; enfin la ruine certaine de l'un et de l'autre.

Elliott, après une de ces aspirations profondes qui semblent destinées à réparer les forces vitales et à donner à l'homme toute l'énergie dont il est susceptible, prit la parole d'un ton triste et résolu. M. Hallory se pencha vers lui, la bouche béante, le cou tendu, pour saisir au passage toutes les paroles qui lui échapperaient.

— J'ai peu de choses à répondre, dit-il, à toutes vos imputations. De quelque manière que vous puissiez interpréter mon caractère et noircir ma conduite, quelle que soit la défaveur que ces circonstances jettent sur moi, jamais pensée déshonorante n'est entrée dans mon cœur. Je suis votre ennemi, cela est vrai ; à vos gages cela est vrai. Mon père a été malheureux, cela est vrai encore.... trop vrai !...

Il s'arrêta quelques moments ; les gouttes de sueur ruisselaient sur le front de M. Hallory et les larmes des yeux d'Elliott ; après s'être armé d'un nouveau courage, le jeune homme reprit :

— Peu importe !... vos reproches amers, je les mérite : vous ne me les avez pas épargnés. J'ai longtemps combattu, mais en vain, la passion m'absorbait.

Mlle Hallory connaissait mon dénûment; elle savait qui j'étais; elle a pu m'observer avec attention. Elle s'est intéressée à moi, avec imprudence sans doute, mais avec noblesse. Ses sentiments, je les ai partagés. J'ai mal fait, j'ai eu tort, je le sais, je le sens. Accusez-moi, blâmez-moi : je me soumets. Si elle me retire son affection, je me soumets encore. Mais si elle me juge digne de son amour (et son œil étincela), je ne suis pas assez lâche, monsieur, ni assez vil pour sacrifier cet amour à un intérêt quelconque, et je ne manquerai pas à la parole que je lui ai donnée.

— Voilà, voilà ! hurla le père.

Un paroxysme de colère suivit cette exclamation. Les malédictions les plus affreuses retentirent pendant dix minutes sur la tête du jeune homme. Le vieillard pantelant, à peine capable de prononcer les mots que lui dictait la rage, s'arrêtait de seconde en seconde, faute de pouvoir respirer ; dans ses phrases brisées, toutes les épithètes et toutes les images odieuses s'entassaient ; toutes les malédictions que renferme le dictionnaire de la vengeance s'y pressaient confusément.

— Ah! dit-il enfin, misérable!... infâme!... faire la cour!... la cour à ma fille!... l'épouser!... la tuer!... la voler!... lui!... qu'il essaie! qu'il essaie! nous verrons! Ah! ah! voler un vieillard! le voler! Bravez-moi tous les deux, et mon avoué va rédiger mon testament, mes dernières volontés... Et si tu me prends ma fille, si tu me la prends, vous mourrez à l'hôpital ou sur la borne. Rien pour elle, rien pour vos enfants! vous n'aurez pas le quart d'un penny dans ma succession... Tu verras, tu verras, misérable!

Et riant d'un rire convulsif, faisant jouer avec un bruit ironique le pouce et l'index de sa main, qui retentissaient comme un fouet de poste : —Va-t'en! va-t'en? et, si tu veux, épouse-la, je te le conseille!

Le pauvre Elliott, atterré, sortit sans savoir où il allait, et fut presque renversé par le cabriolet de lord Scamplett. On ne le renvoya pas comme il s'y attendait : il ne perdit pas sa place. Mais quinze jours après, une somme de quinze livres sterling, appartenant à la maison Hallory, disparut de la caisse. Tous les commis furent en rumeur, toutes les portes furent fermées; la justice appelée, on chercha dans les pupitres des commis. Celui d'Eugène Elliott renfermait les quinze livres sterling. Accusé de vol domestique et de fraude, le malheureux fut conduit d'abord devant le magistrat qui l'interrogea, et ensuite en prison.

Nous le retrouverons bientôt à Newgate, au milieu des rebuts de la société, compagnon de tous les vices incurables et de tous les crimes vieillis dans la débauche et l'opprobre.

II.

Eugène Elliott venait de prendre son modeste repas dans une taverne, au coin de Bihopsgate, et rentrait tristement chez son patron. Chemin faisant, il s'étonnait qu'on ne l'eût pas renvoyé : il pensait au chagrin de Marie, exposée aux brutalités paternelles et aux assiduités de lord Scamplett. Sa tête de jeune homme et son cœur amoureux se perdaient dans un labyrinthe de conjectures douloureuses; il s'assit devant son pupitre, et lorsqu'il leva la tête pour déposer son chapeau, il vit que tous ses confrères arrêtaient sur lui des regards curieux et mornes. Cela l'étonna; il adressa la parole à ses voisins qui lui tournèrent le dos sans lui répondre.

— Monsieur (cria un domestique qui ouvrit la porte). M. Elliott, M. Hallory vous fait demander!

Il se leva et suivit le domestique. A peine entré dans le cabinet du négociant, il vit quelqu'un refermer la porte.

M. Hallory s'écria :

— Messieurs, messieurs, emparez-vous de lui!

Des hommes vêtus de noir le prirent au collet et fouillèrent toutes ses poches. Dans la même chambre se trouvaient un avoué, le premier commis, les associés de la maison de banque, et quelques gens de justice. Elliott recula. Sa figure devint pâle. Il allait tomber, et ses lèvres blanchissaient quand M. Power, l'un des associés, eut pitié du jeune homme.

— Donnez-lui un verre d'eau, s'écria-t-il.

Un des officiers de justice allait accomplir cet acte de charité. Eugène repoussa le bras qui le lui offrait. Puis d'une voix ferme :

— Que signifie cela ? Pourquoi attentez-vous à ma liberté ? De quoi m'accuse-t-on ?

— De vol domestique, répondit l'avoué.

— De vol !

La terreur muette d'Elliott, ses inutiles efforts pour parler, sa stupeur profonde, suivie d'exclamations presque insensées, ne pourraient se décrire. On l'emporta. Il était en proie à une convulsion violente. Déposé au bureau de police, il y resta comme anéanti pendant près d'une heure. Alors arrivèrent le patron, l'avoué Fleming, et deux autres commis qui se portaient accusateurs de leur camarade. Pâle, mais résolu, l'œil fixe et attaché sur Hallory, Elliott se tint debout à la barre de ce tribunal préliminaire. Il écouta, immobile, et sans donner le moindre signe d'indignation ou d'étonnement, les griefs développés contre lui. On s'était aperçu que des bank-notes, appartenant à la maison, avaient été dérobées par un des employés. Après beaucoup de recherches, des soupçons s'étaient arrêtés sur Eugène. On l'avait surveillé ; sa liaison avec un autre commis qui se trouvait à Newgate, sous le poids d'une accusation de vol, avait été remarquée. Ses démarches annonçaient du mystère et une certaine crainte. Enfin, pour s'assurer des faits on avait chargé de diverses commissions tous les employés, et pendant leur sortie on avait ouvert leurs pupitres ; celui d'Elliott renfermait un portefeuille dans lequel se trouvaient trois bank-notes, que l'on avait eu soin d'écorner d'avance. Le vol était prouvé : on livrait le coupable à la justice.

— Eh ! monsieur, dit l'un des magistrats à Elliott, que répondez-vous à cette grave accusation ?

— Ce que je réponds ? Et vous pouvez y ajouter foi !

— Vous niez le fait ? reprit le magistrat froidement.

— Oui, certes, je le nie, je le nie ! je le repousse avec horreur. Moi voleur ! Ils savent bien le contraire ! Ils le savent bien !

— Pouvez-vous prouver que le fait est faux ? Quels sont vos moyens de défense ? comment expliquez-vous les dépositions des témoins ? Je suis loin de vous engager à vous inculper vous-même par des paroles imprudentes. Vous n'êtes peut-être pas préparé ; je remettrai l'affaire à huitaine. Avant d'aller en prison vous avez toute une semaine.

— En prison ! en prison ! dit Elliott. Mais je suis aussi innocent que vous ?

— Eh bien ! monsieur, dans ce cas, vous n'aurez pas de peine à nous expliquer comment ces quinze livres sterling sont entrées dans votre pupitre.

— Ces quinze livres sterling ? je nie le fait, je nie le fait absolument. On n'a pas pu trouver ces billets de banque dans mon pupitre : je ne possède au monde que quatre livres sterling et quelque menue monnaie.

— Les témoins ont déposé contre vous, sous la foi du serment ; que leur opposez-vous ? Interrogez-les si vous voulez, c'est votre droit.

— Les témoins de M. Hallory ont déposé ! m'ont inculpé !... bien ! Ah ! je vois tout ! Je suis au fait ! C'est une trame qui tend à ma ruine !

Alors se retournant vers Hallory et se baissant vers lui :

— Vous, lui dit-il à voix basse, vous êtes un infâme !

Il se retourna ves les magistrats ;

— Je prends Dieu à témoin que je suis innocent de ce crime et de cette bassesse ; je suis victime d'un complot. Envoyez-moi en prison, et le plus tôt possible. Je place ma confiance en Dieu, Père de celui qui n'a pas de père.

Les magistrats furent émus de cette simplicité. Un délai de huit jours fut accordé au jeune homme ; et

M. Hallory, sans oser arrêter ses regards sur Elliott, témoigna aux juges l'hypocrite désir qu'il éprouvait, disait-il, de voir le jeune homme se disculper, et le regret que lui et ses associés ressentaient d'avoir été forcés de commencer de telles poursuites, dans l'intérêt de la morale publique.

Huit jours s'écoulèrent, Eugène Elliott fut incarcéré à Newgate. Tous les journaux retentirent de son nom, de son crime. C'est une des misères de la publicité, de jeter à l'improviste, dans les familles, les nouvelles les plus terribles souvent les plus controuvées. Le soir même de la publication de cette nouvelle, un des journaux qui la contenait se trouva déposé, sans doute par la femme de chambre de Marie, sur la cheminée de sa chambre. Au moment où elle allait se déshabiller, elle prit le journal, le lut, repoussa la femme de chambre qui voulait l'arrêter, et tenant toujours la fatale feuille, se précipita hors de son appartement, descendit les escaliers d'un seul bond et pénétra dans la salle à manger où son père, assis auprès du feu, les mains croisées sur son abdomen, se livrait paisiblement aux méditations et aux délices d'une digestion prolongée.

— Mon père, s'écria-t-elle d'une voix tremblante, Eugène Elliott vous a volé! Eugène en prison! lui voleur!

Et, du doigt, elle indiquait le paragraphe du journal qui contenait le récit relatif à Elliott.

— Vous l'accusez, vous ! Oh ! non, cela n'est pas possible !

Il y avait un sourire sur ses lèvres pâles, un sourire presque insensé. Sa fureur et sa douleur la grandissaient, et, comme il arrive aux femmes très-nerveuses, elle semblait plus forte et plus terrible qu'un homme en courroux. D'un pas rapide et solennel, elle se mit à se promener dans la chambre devant son père, répétant toujours, d'une voix qui, par l'intensité de l'intonation, semblait annoncer les approches de la folie :

— Non, non, non, cela ne peut être ! Honte sur vous, mon père ! honte sur vous ! Il n'a plus rien, lui, plus de mère, plus de père ; personne qui le défende, personne qui le comprenne ! Eh bien ! ce sera moi !... moi !...

Et elle se prit à rire d'une manière si étrange que la démence semblait s'être emparée de sa proie. Le père, effrayé de cet éclat, après lui avoir fait donner les premiers soins et fait atteler ses chevaux, se rendit en toute hâte chez un homme de loi, nommé Newington, qu'il avait chargé de la partie la plus difficile de ses affaires contentieuses, dans la Cité. Il lui fit part du désir de faire mettre en liberté, à l'instant, le jeune homme qu'il avait livré à la justice.

Le roi ne pourrait rien pour lui, au point où nous en sommes, répondit Newington. Il faut qu'il attende encore un mois dans sa cellule ; qu'il soit conduit devant les magistrats, et qu'un jugement le condamne ou l'absolve. Vous pouvez bien vous abstenir de paraître et abandonner ainsi l'accusation, ou bien avouer votre erreur, et convenir qu'une méprise a causé la mise en accusation d'Elliott. Dans les deux hypothèses, Elliott, s'il est réellement innocent, ne manquera pas de réclamer des dommages et intérêts contre vous ; dommages-intérêts proportionnés à l'étendue du danger qu'il a couru, et de la tache imprimée à son nom. S'il veut se venger d'une manière complète, il peut vous accuser à son tour, vous et vos associés, comme coupables d'une coalition contre lui et de faux témoignages dans cette affaire.

L'effroi de Hallory était à son comble.

— Non, s'écria-t-il, je ne veux pas attendre que l'action soit formée contre moi en dommages et intérêts. Je paierai tout ce qu'il faudra, tout ce que vous voudrez. Voyons, conseillez-moi, parlez.

— Je ne comprends pas, demanda l'avoué, votre empressement et votre terreur? pourquoi?...

— Un incident nouveau, imprévu, change l'état de la question. Les choses ne peuvent rester dans la situation actuelle ; j'ai mes raisons, les raisons les plus fortes, vous dis-je. Je ferai peu d'attention à la somme nécessaire pour assoupir tout cela. Il faut en finir.

— Moi, si j'étais à la place du jeune homme, et

que j'eusse le sentiment de mon innocence, je voudrais, avant tout, que cette innocence soit prouvée, et les faits éclaircis en plein tribunal ; je sommerais l'accusateur de prouver l'accusation, et, dans le cas contraire, je l'accuserais en calomnie.

— Ah ! vous m'attaqueriez, murmura sourdement M. Hallory, sur le front duquel roulaient des gouttes de sueur.

— Pas le moindre doute ! Mais je ne vois pas...

— Qu'il aille à tous les diables ! s'écria M. Hallory, en se levant avec violence. A son aise ! je le défie...

Puis il murmura des paroles confuses, et ses explications entortillées laissèrent chez l'avoué la persuasion intime que le vrai coupable était son client. Mais les affaires de Hallory étaient importantes, et le revenu qu'elles laissaient chaque année entre les mains de Newington ne lui permettait guère de rompre avec un personnage aussi utile.

Elliott, que l'accusation de son patron frappait dans tout son avenir, attendait avec résignation le jour du jugement. N'avoir avec la jeune Marie aucune espèce de communication, lutter bravement contre le sort, telle était sa résolution. Il n'avait ni appui, ni conseil. Tout son courage lui venait de lui-même ; il n'attendait de secours que de Dieu. Marie, après huit jours de fièvre lente, fut de nouveau forcée de subir les visites de lord Scamplett ; persécution qui ne la découragea pas. Elle repoussa ses avances et sa demande avec un dédain glacial, lorsque, au jour convenu avec le père, il vint offrir à la jeune fille d'une manière formelle et positive sa main et son cœur.

Souvent, pour éprouver sa fille, le père prononçait devant elle le nom d'Elliott, ce nom qu'elle portait écrit dans les profonds replis de son âme : soit qu'il voulût sonder par lui-même la blessure qu'il avait faite, soit qu'il ne pût s'empêcher de prononcer le nom d'un homme envers lequel il était si coupable.

Ainsi s'enflammait, par toutes les circonstances, l'ardente passion de Marie ; tout irritait les sentiments d'indignation et de désespoir que son père avait si vivement excités.

Enfin sonna le jour fatal. Ce ne fut pas sans un tressaillement de crainte et de remords que M. Hallory fit monter dans sa voiture l'honorable vicomte Scamplett, son complice et son ami. L'extrême pâleur du banquier frappa tous les assistants. Son visage parut blêmir et se contracter lorsqu'il jeta les yeux sur la figure amaigrie, sur les sourcils froncés, sur la bouche serrée du jeune Elliott. Il parut vouloir continuer, avec lord Scamplett, une conversation légère et gaie ; ses paroles embarrassées et ses gestes précipités trahissaient sa souffrance et sa crainte. Ame coupable et grossière, qui s'abaissait et tremblait en présence de l'âme innocente et pure qu'elle avait sacrifiée !

La cause se plaida : point d'avocats de part ni d'autre. Personne ne soutint l'accusation, personne ne la repoussa. La cour n'eut qu'à examiner les témoins et à apprécier leurs témoignages. Le tour de M. Hallory étant venu, son tremblement, son hésitation, révélèrent l'agitation de sa pensée. Le président lui dit de se remettre : sa déposition fut incohérente. Cinquante minutes ne s'étaient pas écoulées que la sentence était rendue et le jury, sur l'instigation du magistrat, non-seulement acquitta Elliott, mais déclara que l'accusation intentée contre lui paraissait à la fois dénuée de fondement et dictée par la malveillance la plus odieuse.

— Ainsi, s'écria Elliott après le prononcé de l'arrêt, aucune espèce de tache ne flétrit mon nom... aucune !

— Pas la moindre, répondit le président du tribunal.

— Et, si je veux, je puis poursuivre à mon tour et livrer à la rigueur de la loi ceux dont le complot atroce m'a jeté en prison et exposé à ce procès ?

— Assurément. Prouvez que la calomnie vous a lésé dans vos biens et dans votre honneur ; la loi vous protégera.

Elliott fit tomber sur M. Hallory un regard de

plomb, un regard si prolongé, si ardent, si rempli de mépris et de pardon, qu'un sang rapide se portant au visage du coupable, le colora d'une ardente rougeur.

— Allons, dit le geôlier à Elliott, en lui ouvrant la porte grillée et hérissée de fer qui sépare les citoyens libres des esclaves du châtiment de la prévention ; allons, j'espère que nous ne nous reverrons pas.

— Je l'espère ! s'écria Eugène en s'élançant dans la rue.

On sait que l'air libre produit l'effet de l'ivresse sur l'homme qui sort d'un cachot obscur. Elliott chancelait et s'appuyait en marchant contre les murailles, ne sachant ni quel asile le recevrait, ni ce qu'il allait faire de sa vie, lorsqu'il se trouva en face d'une personne voilée.

— Eugène ! cher Eugène ! s'écria-t-elle.

C'était Marie ! Elle tendit les mains vers lui et continua d'une voix à demi étouffée :

— Ah ! vous voilà libre ! ils n'ont donc pas pu vous perdre ! Dieu soit loué ! Dieu soit loué ! Oh ! mon Dieu ! quelles épreuves nous avons subies ! Elliott ! Elliott ! mais pourquoi ne pas me parler ? pourquoi ne pas me répondre ? La fille n'est pas coupable du crime de son père.

Eugène la regardait, muet, étonné : il croyait que ses regards le trompaient.

— Vous, Mlle Hallory !

— Oui, c'est moi, c'est moi, Eugène! c'est Marie ! Mais que vous êtes pâle, que vous êtes changé! Il m'est impossible de vous voir ainsi! vous me faites mal!

Elle couvrit sa figure de ses deux mains et les larmes s'échappèrent entre ses doigts.

— Je puis à peine croire que ce soit vous, mademoiselle, vous, la fille de M. Hallory ! Que dira votre père ? Et ne savez-vous pas qui je suis, moi, accusé de vol, de vol domestique, moi qui sors de Newgate! n'avez-vous pas honte de causer avec moi ?

— Honte ! ah! Elliott! que je suis malheureuse !

Elliott la pressa sur son sein avec une étreinte convulsive. La jeune fille planait au-dessus de toutes les craintes et de toutes les timidités de son sexe.

— Allons le trouver, allons ensemble. Demandez-lui justice; exigez réparation, Eugène! Je serai près de vous, moi! Je vous appuierai. Il nous chassera tous deux ensemble. Cette maison paternelle, voyez-vous, me devient odieuse : ma mère y est morte de chagrin. Qu'il nous chasse, qu'il nous chasse!

Elliott repoussa ces propositions violentes. Il refusa la bourse que la jeune fille voulait placer dans ses mains; puis il appela un fiacre, l'y fit monter, lui fit de tendres adieux et la quitta.

Quand Marie rentra, tout était en rumeur chez son père. On ne savait ce qu'elle était devenue. Elle se présenta tout-à-coup à ses yeux. Fatigué de la séance judiciaire, M. Hallory avait noyé son remords dans le vin de Madère.

— Eh bien ! lui dit Marie, votre victime vous échappe.

— Ah ! te voilà ! répondit le père dont le vin avait obscurci les idées, te voilà, ma petite Marie? Et d'où viens-tu donc comme cela? Qu'as-tu pu faire si longtemps dehors ?

— Je viens de Newgate, monsieur, répondit-elle en reculant devant son père qui voulait l'embrasser.

— De Newgate ! Ce mot parut dissiper la demi-ivresse de M. Hallory. Sa respiration forte et précipitée trahit sa violente émotion, et il reprit :

— Ah ! de Newgate ! c'est de là que vous venez ! de Newgate ?

— Oui mon père ! Est-il possible que je sois forcée de vous donner ce nom ! à vous, monsieur, si coupable, si criminel, si cruel ! Vous avez voulu la ruine d'un homme innocent, monsieur ! Vous l'avez tramée de sang-froid ! Si vous aviez réussi, vous me verriez aujourd'hui étendue morte sur ce parquet ! Vous dites que vous m'aimez, vous, et que vous êtes mon père !

D'une de ses mains tremblantes elle pressait son front brûlant. Bientôt le premier paroxysme de la colère étant passé, elle sentit la force terrible de ses paroles; elle comprit sa situation, elle eut peur.

Le père, que cette violence imprévue de sa fille avait rendu à la raison et au calme, se leva et alla fermer la porte. Il montra du doigt à Marie un canapé placé entre les deux croisées et lui dit :

— Asseyez-vous là !

Elle lui obéit et pleura.

— Eh bien ! reprit-il, restant debout devant elle, est-ce fini ? Qu'avez-vous ? Avez-vous perdu l'usage de votre raison ? D'où venez-vous ? Répondez-moi ! que venez-vous de faire ?

A ces questions prononcées avec une fureur sourde, Marie ne répondait qu'en cachant sa tête entre ses mains et en versant d'abondantes larmes.

— Tout ceci me rendra folle ! s'écria-t-elle.

— Vous pleurez donc maintenant ! vous pleurez ! Vous m'insultiez tout-à-l'heure ! Qu'est devenue cette grande colère, où est toute cette audace ? Pleurez, pleurez à votre aise, demandez-moi pardon à genoux; c'est ce que vous avez à faire de mieux. Et dites-moi un peu, mademoiselle, les paroles que vous avez prononcées, quel sens ont-elles, je vous prie? Elliott, ma victime, Elliott m'a échappé... Ah ! vous êtes ingrate, ah ! vous êtes rebelle, ah ! vous espérez m'épouvanter ! Vous pensez me faire consentir à votre mariage absurde ! Vous voulez épouser un voleur ; un homme de rien, sans fortune comme sans avenir. Je vous connais... Je sais de quoi vous êtes capable... C'est ma vie que vous voulez... Vous êtes liguée avec cet homme... contre moi qui suis votre père !...

Les larmes de Marie la suffoquaient, l'autorité et la puissance paternelles accablèrent tout à coup son âme timide ; elle se leva et se précipita aux genoux de M. Hallory.

—Pourquoi donc vous êtes-vous conduite ainsi, Marie? lui demanda-t-il d'un ton plus doux. Je n'ai plus que vous... vous seule... J'ai perdu votre pauvre mère... Voulez-vous me tuer ? Voulez-vous réduire ma vieillesse à la folie, aux soins des mercenaires et aux misères d'une maison de santé... Cela arrivera certainement si vous me désespérez ainsi !... Allons, ma fille, soyez sage... un peu de raison ! Promettez-moi d'en finir ; renoncez à ce malheureux homme qu'un mauvais génie a jeté sur notre route ! Il est mon ennemi personnel, il me déteste. C'est notre ennemi à tous : je le sais, j'en suis sûr... Je ne vous force pas d'épouser lord Scamplett si vous avez de l'éloignement pour lui. Ne l'épousez pas, j'y consens ! J'aurais désiré ce mariage, moi ; il y a longtemps que je pense à une alliance honorable ; mais je renonce au vicomte ; renoncez aussi à cet homme qui vous perd. Il est indigne de vous, indigne de moi. Qu'est-ce que sa famille ? Un père joueur, perdu de dettes et qui s'est tué !... Vous !... avec votre éducation, votre fortune, vos espérances, riche de l'or que j'ai amassé pour vous seule ! aller vous jeter dans les bras de cet homme que la potence attend tôt ou tard !

Elle regarda fixement son père :

— Vous savez bien que cela est faux... Vous savez qu'il est innocent ; vous ne l'avez jamais ignoré.

M. Hallory se mordit les lèvres ; ses traits contractés révélèrent tout le désappointement qu'il éprouvait : il avait espéré vaincre la résolution de sa fille ; l'inutilité de ses efforts lui était prouvée.

Les bras de Marie cherchaient à l'embrasser. Il se dégagea violemment et sonna.

— Faites venir la femme de chambre de mademoiselle, et qu'on la reconduise chez elle.

Pendant deux mois, la cruelle scène que je viens de décrire se reproduisit chaque jour sous des formes diverses. La santé de Marie y succombait ; mais l'orgueil de la femme, le sentiment de l'injustice, son estime pour Elliott, tout précipitait le dénouement. Tantôt son père la traînait de spectacle en spectacle, de plaisirs en plaisirs, espérant la distraire et l'arracher à sa pensée dominante, tantôt il la condamnait à une solitude qui ressemblait à une prison. Elle finit par subir avec apathie cette alternative de mauvais traitements et de distractions qui l'obsédaient. M. Hallory la fit voyager en Ecosse ; elle revint plus triste, plus affaissée, plus désespérée que jamais. Aux caresses intéressées de son père succédaient des orages violents qui épuisaient les forces et non le courage de Marie; elle était résignée à tout.

Cependant Elliott, sans ressources, sans place, sans amis, traînait une existence misérable. M. Hallory ne voulait lui donner ni attestation, ni certificat de moralité. Toutes les portes lui étaient fermées. Une vie si monotone pour la douleur, et si variée par la diversité des angoisses, finit par harasser la jeune fille à qui le père avait annoncé son intention de voyager avec elle sur le continent. Elle recula devant cette nouvelle épreuve, et quittant un soir la maison paternelle, se réfugia chez une ancienne domestique de la maison. Son père apprit cette nouvelle sans colère. Il s'y attendait.

— Comme elle a fait son lit, dit-il, qu'elle se couche.

Les bans du mariage avec Elliott furent publiés. Le père ne s'opposa point à cette union; il n'approcha plus du lieu habité par sa fille, et quand il fallut signer l'acte officiel nécessaire pour mettre mademoiselle Hallory en possession des six cents livres sterling qui composaient toute sa fortune, il ne fit pas une seule observation; il apposa froidement, machinalement, sa signature au bas de l'acte.

Ce fut une triste cérémonie que celle des noces. Le service fut expédié en peu de temps par le ministre. L'humble couple s'agenouilla devant l'autel, et pas un ami ne l'accompagna jusqu'à la maison nuptiale. L'union commencée sous de tels auspices ne fut cependant pas sans bonheur. Marie et Eugène en trouvèrent la source dans leurs propres âmes. Entraîné par une générosité que le monde récompense mal et ne comprend guère, Elliott renonça aux poursuites qu'il avait le droit d'exercer contre le beau-père qui l'avait si indignement calomnié, qui l'avait traîné sur les bans des malfaiteurs. Quelques avocats, témoins des débats auxquels cette affaire avait donné lieu, essayèrent vainement de lui représenter qu'il devait à lui-même, à sa réputation, et à l'existence future de sa femme, la continuation des poursuites qui aboutiraient à des dommages-intérêts fort considérables, et à sa réhabilitation complète. D'ailleurs il était probable que M. Hallory essaierait d'arrêter ce scandale par une transaction avantageuse. Un homme du monde, un homme habile eut arraché, non au repentir, mais à la terreur de cette âme grossière, la fortune dont l'absence devait se faire cruellement sentir aux deux jeunes gens. Mais dans cette lutte et cette exploitation il y avait quelque chose d'ignoble, qui répugnait à Eugène. Il retira les pièces des mains de l'avoué et se contenta d'écrire à M. Hallory la lettre suivante :

« Monsieur,

» Je ne puis me rappeler qu'une seule chose, c'est
» que votre fille est devenue ma femme : au bonheur
» qu'elle m'apporte se joint malheureusement le re-

» gret de vous avoir affligé. Vos desseins sur votre
» fille ont été contrariés, vos espérances trompées.

» Je m'explique trop bien l'exaspération que j'ai
» dû faire naître chez vous; vous avez pu, vous
» avez dû peut-être voir en moi un intrigant mé-
» prisable, abusant avec lâcheté d'un ascendant
» facile à prendre sur le cœur et la faiblesse candide
» d'une jeune fille, dans des vues d'intérêt person-
» nel. Cela n'est pas. Toute ma conduite le prouve :
» vous vous êtes trompé. L'irritation que vous avez
» ressentie vous a fait désirer de me perdre ; vous
» m'avez calomnié, monsieur ; je vous le pardonne.
» On me conseille de vous poursuivre; on m'assure
» (et je n'en doute pas) que ces poursuites, outre
» la déconsidération extrême qu'elles jetteraient sur
» vous, seraient couronnées de succès, et auraient
» un résultat pécuniaire qui doublerait ma ven-
» geance. En vérité, monsieur, je ne puis m'y résou-
» dre, je ne puis attaquer le père de Marie. Per-
» mettez-moi d'oublier le passé. Permettez-moi
» d'espérer que vous l'oublierez aussi, que vous re-
» connaîtrez la parfaite droiture de mes intentions,
» et que quelque jour vous rendrez à Marie, je ne
» dis pas une fortune dont vous avez tout droit de
» disposer, mais l'affection dont elle est si digne,
» mais les sentiments paternels qu'elle regrette tant
» d'avoir perdus.

» J'ai l'honneur d'être, etc.

» EUGÈNE ELLIOTT. »

Cette lettre, lacérée par le père avec fureur, fut renvoyée sous enveloppe par la petite poste à l'adresse des jeunes gens, et deux jours après, Marie reçut de l'avoué Jeffrey la communication suivante :

« Madame,

» Je suis désolé d'avoir à vous apprendre que
» M. Hallory a pris la résolution de rompre toute
» espèce de communication avec vous et avec mon-
» sieur votre mari : raison trop justifiée, dit-il,
» par ce qu'il appelle l'ingratitude de votre conduite.
» Veuillez me demander quels articles ou quels
» effets à votre usage vous pouvez réclamer de mon-
» sieur votre père, ces articles vous seront adressés
» directement et à l'instant même. Veuillez m'épar-
» gner le chagrin d'une réclamation ou d'une en-
» trevue qui seraient absolument inutiles, et croire
» à la sincérité du regret que j'éprouve en me voyant
» forcé d'être aujourd'hui l'interprète des volontés
» de monsieur votre père.

» J'ai l'honneur d'être, etc.

» JONATHAN JEFFREY. »

Tout était donc fini; plus d'espoir. D'une main tremblante Marie écrivit la liste des objets en petit nombre qu'elle pouvait réclamer. Entre autres, elle désirait obtenir son petit chien Brisquet, animal favori que son père avait fait tuer le lendemain du jour où il avait appris le départ de Marie. Ce dernier événement, puéril en lui-même, la fit beaucoup pleurer; elle crut perdre le dernier ami qui lui fût resté chez son père. Ce pauvre Brisquet était si souvent venu s'asseoir sur ses genoux lorsque tout le monde la délaissait! Il l'avait presque égayée par ses caresses, lorsqu'elle pleurait seule dans sa chambre, après avoir reçu la visite du vicomte Scamplett. La jeune femme, dont Elliott avait involontairement causé la ruine, était pour lui l'objet d'une parfaite idolâtrie. L'immense sacrifice qu'elle venait d'accomplir était toujours présent à la pensée du jeune homme. Il ne songeait qu'à l'entourer de ces tendres soins, et cette affection délicate qui pallient, s'ils ne les font pas oublier, les maux réels de la vie. Il loua un petit logement commode dans le faubourg Southwark; et après beaucoup de recherches, de courses et de sollicitations, il obtint une place de commis dans une maison de banque, qui lui donna quatre-vingt-dix livres sterling par an. C'était peu de chose; les plus poignantes angoisses de la misère se trouvaient seulement adoucies par ce faible salaire. Les jeunes gens respirèrent plus librement. Je ne dirai pas comme les romanciers, qu'ils furent heureux et que leur amour dût leur suffire. Les mille inquiétudes de la pauvreté nous frappent deux fois, quand cette pauvreté, partagée avec un être aimé, nous fait trembler, non-seulement pour nous-même, mais pour l'être sur lequel nos affections se concentrent.

Des félicités parfaites sans l'aisance! Le monde réel ne les offre pas; et les écrivains en parlent bien à leur aise. L'amère douleur à laquelle M. Hallory avait condamné sa fille, se changea d'abord en une mélancolie habituelle, qui fit place à une résignation pensive. On vit cette jeune femme se mouvoir dans sa modeste sphère, et accomplir ses nouveaux devoirs avec une simplicité et une activité qui auraient pu faire croire que son éducation l'avaient préparée aux travaux d'une situation obscure. Le soir, lorsque le mari avait quitté son bureau, il y avait dans ce petit intérieur, dans cette chambre sans dorures et sans meubles de prix, au coin d'un humble foyer, des heures de joie profondément senties; il lisait, elle s'occupait de travaux d'aiguille. Ils aimaient beaucoup cette petite chambre solitaire, et la comparaient, presque joyeux, aux beaux appartements dont les ornements splendides n'avaient pas protégé Marie contre les chagrins les plus cuisants, et à la geôle de Newgate où le père avait envoyé son jeune et malheureux employé. Quelques gouttes de bonheur tombaient dans leur coupe d'amertume. Toute leur félicité, ils l'attendaient l'un de l'autre; et dans ce profond isolement, dans ce délaissement de tout l'univers, ils se faisaient une vie spéciale, une vie à deux, qu'ils pouvaient seuls comprendre et sentir. Une promenade au Parc, après les travaux de la journée, leur semblait un délassement délicieux. Quelquefois Marie rencontrait là son père, emporté par les vigoureux chevaux de cette calèche, où, si souvent, le pauvre Brisquet, sur les genoux de sa maîtresse, avait attiré par ses jappements aigus l'attention des promeneurs. Mais, hélas! auprès de ces jouissances, que de tristes jours mis en réserve!

A la naissance du premier enfant, les jeunes gens essayèrent de fléchir l'humeur terrible de M. Hallory. La lettre qu'ils lui adressèrent fut renvoyée sans avoir été ouverte : il avait reconnu l'écriture de sa fille, et changeant l'adresse de sa propre main, il l'avait fait jeter à la poste à l'instant même par un domestique. Un de ses gens, qui s'avisa de lui apprendre que madame Elliott lui avait donné un petit-fils, fut congédié sans forme de procès. Marie ne se découragea point : elle alla se présenter chez son père et remit une nouvelle lettre au concierge, lettre qui fut renvoyée comme la première. Elle ne se plaignit pas; mais de temps à autre, Elliott apercevait une larme de la mère qui tombait sur la joue du petit Henri.

Vers le milieu du mois de juin, comme elle venait de sevrer son enfant, elle attendait Eugène qui rentrait ordinairement à six heures pour dîner; sept heures sonnèrent, puis huit heures, il ne revenait pas. Le cœur de la pauvre femme battait horriblement; et de la fenêtre à la porte, puis de là à la petite cuisine où elle préparait elle-même le repas, vous l'eussiez vu courir avec une agitation inquiète, tantôt ouvrant la croisée, tantôt entre-bâillant la porte et écoutant sur l'escalier, attente prolongée qui devenait un supplice. A neuf heures, l'enfant était endormi, quand un fiacre s'arrêta devant le n° 14 : un homme vêtu de noir en sortit, puis un second. Mme Elliott, effrayée, descendit précipitamment, et vit son mari que deux personnes portaient entre leurs bras en faisant signe à Mme Elliott de garder le silence.

« Ce n'est rien, disait l'un d'eux, presque rien ; un de ces accidents qui arrivent tous les jours à Londres. »

On porta Elliott sur son lit : l'un de ces messieurs courut chercher un chirurgien, et ce dernier, sans vouloir toutefois épouvanter Mme Elliott, répondit après avoir examiné le malade et s'être fait donner les renseignements nécessaires, que le cas était grave, et plus dangereux peut-être pour l'avenir que par l'importance des symptômes actuels.

Eugène, en sortant de son bureau, heureux d'aller retrouver sa femme, s'était imprudemment élancé pour traverser le carrefour qui termine Holborn-Hill, lorsqu'une chaise de poste passant au galop, la pointe du timon atteignit le jeune homme à la poitrine et le renversa. Avant que le postillon eût pu arrêter les chevaux, ils avaient déjà franchi le corps d'Eugène. Deux passants le relevèrent. L'un d'eux était membre de la chambre des communes, l'autre médecin. Emus de pitié, ils appelèrent un fiacre, y placèrent le blessé, et comme il était évanoui, ils le firent transporter chez l'un de ces messieurs, où il reprit enfin l'usage de ses sens. On obtint de lui son adresse, et deux heures après cet accident, il fut reconduit chez sa femme.

La prédiction du chirurgien se vérifia. Trois mois s'écoulèrent, et Eugène était encore retenu au lit. Au bout de ce temps, les chefs de la maison où il était employé lui adressèrent une lettre fort polie dans laquelle ils lui mandaient qu'ils prenaient beaucoup de part au malheur qui lui était arrivé, qu'ils déploraient cet accident, mais qu'ils se trouvaient dans la nécessité de le remplacer, puisqu'ils n'avaient pas même l'espérance de le voir reprendre bientôt ses fonctions : ils joignaient à cette lettre l'arrérage des émoluments qui avaient couru depuis les trois mois pendant lesquels il avait gardé le lit, et par surérogation, un autre trimestre. Ce fut un coup fatal pour les jeunes gens. Le chirurgien augmenta encore leur peine en leur annonçant que la maladie d'Elliott s'aggraverait beaucoup s'il reprenait trop tôt le travail de son bureau. Courageuse comme les femmes le sont souvent dans ces grandes circonstances, Mme Elliott prit un fiacre et partit pour la Banque, où elle s'empressa de vendre 50 livres sterling de son mince patrimoine qu'elle avait placé dans les fonds publics. C'était, hélas ! le premier pas vers leur ruine totale. Il fallut payer quelques mémoires relatifs à la maladie d'Elliott, mémoires qui absorbèrent près de trente livres sterling sur les cinquante. Alors, étouffant sa peine et sa crainte, elle ne s'occupa plus que de le soigner. Elle savait que s'il lisait dans son cœur, il serait doublement malheureux ; elle étouffait ses larmes ; elle paraissait sinon gaie, du moins calme et résolue. Pour éviter l'abîme de la dette, et ne pas aller puiser sans cesse dans ce médiocre capital facile à tarir, la plus stricte économie devint nécessaire. Combien de fois il la gronda lorsqu'elle rentrait portant dans son panier quelques mets délicats, ou des vins fins dont le médecin avait recommandé l'usage, et qu'elle ne voulait pas partager avec lui ! Elliott se rétablit par degrés ; mais comme le médecin affirmait qu'en reprenant ses anciennes occupations il ne pourrait échapper à une rechute fatale, il se décida à entreprendre chez lui quelques écritures ; le prix modique qu'il demandait et l'exactitude avec laquelle il s'acquittait de ce labeur, lui procurèrent quelques pratiques ; mais, hélas ! un seul mois de travail le rendit incapable de toute application pendant un an.

Le désespoir pénétra chez les malheureux jeunes gens. Marie renouvela ses inutiles démarches auprès de son père. Plusieurs fois elle l'attendit, soit à sa porte, soit à la porte de la Cité ; quand elle s'approchait de lui, il se détournait et la fuyait comme une mendiante qui l'eût obsédé. Depuis le départ de

Marie, le caractère de M. Hallory, naturellement détestable, s'était encore aigri. La tante paralytique avait perdu l'usage de la raison; et un nouveau personnage, une cousine de M. Hallory, était venue prendre les rênes de ce petit gouvernement.

C'était une femme sèche et pointue, d'un égoïsme rusé, heureuse, comme on le pense bien, de s'attacher à ce riche Hallory, dans l'espoir d'une exploitation fructueuse. Miss Gubbley ne redoutait rien tant que la réconciliation de Marie et de son père.

Elle commença par tenir sous sa dépendance et sous la terreur de sa dénonciation tous les domestiques du maître; puis, par un espionnage infatigable, exagérant les ordres donnés par M. Hallory pour que l'on ne reçût aucune lettre de sa fille, et qu'elle-même ne pénétrât pas dans la maison, elle traça autour du négociant un mur de circonvallation que Marie ne put jamais franchir. C'était cette miss Gubbley qui augmentait l'irritation du père, en lui rapportant tous les bruits du quartier relatifs à la mauvaise conduite de sa fille. C'était elle qui mettait la tête à la fenêtre dès qu'elle entendait frapper à la porte, qui descendait précipitamment et chassait Marie, ajoutant à cette mission de fureur une violence d'imprécations que M. Hallory ne lui avait pas recommandée.

Marie finit par se décourager, et un jour que miss Gubbley avait augmenté la dose de sa violence ordinaire, la pauvre femme rentra, prit son enfant, le baisa mille fois, et se promit de ne jamais se soumettre de nouveau à une humiliation aussi poignante. Les petits doigts de l'enfant errant sur la figure de la mère et sur ses joues humectées de larmes, les firent tarir tout à coup ; elle crut retrouver le bonheur perdu.

Chaque jour, cependant, la pauvreté plus dure resserrait le cercle dans lequel ils devaient périr. Il fallut d'abord renoncer à ce banc d'église qui leur était cher, où souvent ils avaient prié ensemble ; se retirer sur les bancs communs disposés pour le peuple dans les bas-côtés ; puis louer un appartement moins cher, se priver de thé pendant les jours froids de l'hiver, ne plus lire le soir afin d'économiser la lumière. Le chirurgien exigea une somme considérable comme récompense de ses soins. On vendit encore quarante livres sterling de ce petit capital qui allait toujours en diminuant et dont rien ne réparait les brèches ; du second logement on passa à un troisième, plus triste, moins éclairé et plus malsain. La jeune femme continuait son œuvre et ne se plaignait pas.

Ils en étaient là, toujours luttant contre cette mer dont les vagues les gagnaient, toujours simples, sublimes, ignorés, lorsque je les connus. Elliott était devenu, si je puis le dire, l'homme de fatigue d'un courtier de commerce qui le chargeait de toutes les besognes difficiles, et le payait fort mal : sa santé empirait, l'un et l'autre étaient si activement occupés, le mari à ses livres, la femme à ses broderies, qu'à peine avaient-ils le temps de se parler. C'était un bonheur peut-être que ce silence ! qu'auraient-ils pu se dire ? quel passé à parcourir et à méditer ! et quel avenir à prévoir ! Quel était leur crime, à ces infortunés si maltraités du sort ? Le père, cependant, à la tête d'un grand commerce, maître de plusieurs millions, recevait de toutes parts les témoignages d'estime que la fortune obtient toujours, lui si bas ! et eux si nobles !

Un mois après ma première visite chez ces malheureux et nobles êtres, il leur restait un peu moins de quarante livres sterling pour subvenir aux nécessités de la vie : la seconde grossesse de la femme était fort avancée. J'étais si touché de cette situation que je résolus de tenter au moins un effort en faveur de ceux que j'admirais en les plaignant. Un de mes confrères soignait la paralytique, sœur de M. Hallory ; il partit pour la campagne, et me pria de le remplacer, après m'avoir annoncé à M. Hallory et avoir obtenu son consentement. L'éloge qu'il fit de moi me donna quelque importance aux yeux du négociant dont j'étudiai le caractère, dans l'espoir d'employer cette étude au profit des jeunes gens. C'était bien l'homme dont on m'avait parlé : une âme grossière, un esprit calculateur, un égoïsme qui dominait tout le reste. Il avait acquis l'argent, son idole ; il lui manquait tout le reste.

— Eh bien ! me dit-il un jour, (je le vois encore,

les mains enfoncées dans ses poches, regardant d'un air ennuyé les pavés de la rue,) la pauvre femme? Qu'en pensez-vous? c'est fini, ou à peu près, n'est-ce pas, M. le docteur?

— Je crains bien, M. Hallory, que sa fin n'approche.

Il m'offrit un de ces magnifiques fauteuils d'ébène sculpté, dont son salon était garni, et se jeta sur un canapé :

— Diable! s'écria-t-il. Elle s'en va donc! Elle était bonne et complaisante. Mais on a beau avoir de l'argent, la mort est plus forte, plus forte que vous et moi, M. le docteur.

Il se leva et marcha dans la chambre d'un air ennuyé.

— Cela est vrai, répondis-je; mais l'or bien employé prolonge la vie, et rend moins pénible nos derniers moments. Ainsi, monsieur, l'emploi généreux de votre belle fortune aura du moins adouci l'agonie de votre pauvre sœur.

— Ma foi, je ne l'ai pas épargné, l'argent, comme vous savez. Il est assez heureux pour elle de m'avoir rencontré dans la vie; quand on est pauvre et malade, les choses ne vont guère bien.

Il s'assit en se rengorgeant, et sa vanité flattée rayonnait sur ses traits durs : l'occasion me sembla favorable. L'amour-propre était la seule route qui pût me conduire jusqu'à ce cœur d'airain.

— Oui, monsieur, repris-je, cette bonne action

vous laissera d'heureux et consolants souvenirs, et ce que vous dites est parfaitement vrai : la misère et la maladie, deux fléaux cruels quand ils sont isolés, deviennent atroces quand ils s'unissent. Le hasard m'a donné, il y a peu de jours, un exemple de cette alliance : c'étaient des gens bien nés, et qui ne devaient pas s'attendre à tomber dans ce profond dénûment, aggravé par une maladie incurable et une situation à peu près sans espoir.

— Ah ! toujours des gens bien nés ! on compte par milliers à Londres les gentilshommes ruinés ; si cela continue, notre fortune appartiendra toute entière à ces messieurs. A propos, docteur, connaissez-vous la souscription pour les familles tombées dans l'indigence ? Ma foi, c'est une belle entreprise ! avec mes dix livres sterling une fois données, j'épargne... voyons... deux cents livres sterling par an que vous autres, messieurs les gens charitables, vous me faisiez débourser. J'ai, au surplus, l'intention de faire parler de moi après ma mort : un hôpital, une fondation de bienfaisance, quelque chose dans ce genre-là. Avec une fondation de cette espèce, je m'acquitterai du présent, du passé et de l'avenir. Qu'en dites-vous ?... l'Hôpital Hallory... en lettres d'or, sur une tablette de marbre noir ! cela ne serait pas mal ?

— J'approuve beaucoup cette noble et philantropique ambition ; il y a tant de misères dans ce monde, et tant de gens riches qui ont l'air de l'ignorer.

Il se dépense dans les greniers et dans les mansardes du pauvre tant d'héroïsme sans récompense ! Ce matin, par exemple, les gens dont je vais parler tout-à-l'heure m'ont ému jusqu'aux larmes !

— Ma famille dira ce qu'elle voudra, répliqua le marchand,qui commençait à penser que j'allais faire un appel à sa bourse et qui était bien aise de détourner la conversation : l'hôpital sera construit et la donation sera belle...

— J'aime à vous voir ces sentiments, ils m'encouragent et me rassurent ; ils me persuadent que la demande que j'ai à vous faire sera bien accueillie. Car c'est un solliciteur que vous voyez devant vous.

— Ah ! l'aumône ! c'est l'aumône que vous demandez, docteur ? Je me suis fait une règle ; c'est de cacher au monde entier le bien que je peux faire ; je ne m'en dépars jamais ; celui à qui je donne et moi, nous sommes les seuls qui nous en doutions ; ainsi, docteur, votre démarche est fort inutile... Cependant, cependant, ajouta-t-il en voyant mon sourcil se froncer et ma main qui s'étendait vers mon chapeau placé sur une table, si vous vous portez garant de la légitimité de l'aumône, si vous connaissez bien ces gens-là, je ferai un effort en votre faveur, une exception à ma règle de conduite. Dès que vous vous êtes présentés à quelque grand personnage, vous autres docteurs, vous ne manquez jamais de nous mettre à contribution, n'est-ce pas ?

— C'est vrai, monsieur ; il faut que je me fie à la haute position sociale et à la noblesse d'âme de celui que je sollicite.

— Je ne peux m'empêcher d'être très-flatté, docteur ; on ne saurait résister à vos arguments, et vous me permettrez, puisqu'il en est ainsi, de vous offrir à l'instant même ce que je leur destine. Je ne refuserai pas.

Il tira lentement une guinée de la poche de son gilet et me la remit. Je repris :

— Je dois réclamer de vous une seconde grâce ; vous me permettrez, n'est-ce pas, de révéler aux malheureux que je protége, le nom de leur généreux bienfaiteur ?

— Comme vous voudrez, s'écria-t-il, oubliant tout à fait le profond silence dans lequel il voulait ensevelir sa générosité. Et quelles sont ces personnes-là ? Où demeurent-elles ? D'où viennent-elles ?

— Elles demeurent actuellement dans Took's Court ; mais je crois que bientôt elles seront forcées de déménager ; le propriétaire les tourmente beaucoup.

— Vieille histoire que celle-là ! un propriétaire qui tourmente. Tous ces petits propriétaires n'en font pas d'autre. Ah çà, est-ce que vos protégés ne peuvent pas travailler ? Sont-ce de grands seigneurs?

— Le jeune homme est fort laborieux, mais un accident l'a rendu presque incapable de travail ; il a été écrasé par une voiture, il est marié depuis peu de temps.

— A une femme sans fortune.

— Hélas ! oui.

— Stupidité !

— Je ne connais dans toute leur vie qu'une seule imprudence et une faute grave peut-être, mais dont ils sont bien punis.

Au mot *mariage*, je ne sais quelle pensée agita l'âme de M. Hallory : il se leva et se mit à se promener à grands pas.

— Quelle faute ? quelle faute ? s'écria-t-il.

— Un mariage imprudent, contracté malgré l'opposition paternelle.

Le front du négociant s'assombrissait.

— Aujourd'hui, continuai-je, leur famille qui les délaisse ne sait pas quels sont leur conduite, leur héroïsme, leur misère !

Hallory ne disait rien; sa lèvre supérieure était devenue pâle, il marchait d'un pas plus précipité à travers la chambre. Je crus devoir frapper un dernier coup.

— Si leur famille, repris-je, pouvait les voir, si elle consentait à les entendre, si elle était témoin de leur repentir, de leurs souffrances, je pense qu'elle leur pardonnerait une faute dont le châtiment a été horrible.

Hallory s'arrêta en face de moi, penchant le cou, arrondissant les épaules, abaissant sa tête presque au niveau de la mienne, et fixant sur mes yeux un regard perçant, âpre et prolongé.

— Comment s'appellent vos protégés? me demanda-t-il violemment.

— Elliott.

— Je m'en doutais! s'écria-t-il en secouant la tête d'où tombaient des gouttes de sueur. Il y a longtemps que j'ai vu où vous vouliez en venir, oui, oui, je m'en suis douté; vous êtes venu ici pour m'insulter, monsieur.

— Pardonnez-moi : je vous assure...

— Je ne vous écoute plus. Pas un seul mot de vous. Je sais qui vous êtes maintenant!

Il ne m'épargna ni menaces ni exécrations. Je conservai de mon mieux le sang-froid nécessaire, et je lui dis :

— Vous vous trompez, M. Hallory, sur mes intentions. Et vous aussi, vous vous êtes trompé, cruellement trompé, je le jure.

— Si vous connaissez ces gens-là, si vous êtes leur protecteur, leur patron ; soyez-le à votre aise, je ne vous en empêche pas.

— Si j'ai eu le malheur de vous blesser, monsieur...

— Blessé! je le crois bien ; vous m'insultez chez moi, est-ce me blesser ?

— Vous parlez d'une insulte prétendue; je vous demande, à mon tour, l'explication de ces expressions étranges?

— Je n'ai pas besoin de les expliquer; vous les comprenez de reste! Ma guinée est dans votre poche ; regardez-vous comme payé, et que cette visite soit la dernière, entendez-vous! s'écria-t-il en balbutiant de fureur.

L'indignation m'emporta. Je lançai la guinée sur le parquet, où elle retentit. Je me levai, et, mettant froidement mes gants, je le regardai d'un œil fixe, en lui disant :

— Adieu, M. Hallory; Dieu serait injuste, si votre lit de mort était tranquille!

Je le vis pâle, chercher en vain quelques paroles pour me répondre, et je me hâtai de sortir. Mon indignation était si vive que je formais, en rentrant chez moi, mille plans de vengeance. Je songeais à employer contre le monstre l'arme de la publicité, à révéler sa turpitude par la voix des journaux, à écrire un mémoire sur la situation d'Elliott et de sa femme. Des réflexions plus calmes me firent comprendre que mes devoirs de médecin s'opposaient impérieusement à toutes ces démarches, et que ma première obligation était de garder le secret sur les crimes mêmes que son exercice me révélait.

III.

J'avoue que j'ai peine à continuer cette histoire d'une longue souffrance sans compensation. L'assiduité du pauvre Elliott commençait à affaiblir chez lui les organes de la vue. Il se plaignait de douleurs aiguës dans les orbites. Des étincelles voltigeaient devant ses prunelles fatiguées; des spectres violets entouraient la lumière de la lampe qui l'éclairait. Forcé de travailler la nuit et d'arrêter ses regards sur le blanc et le noir des manuscrits, Eugène était sur le point de perdre la vue. Je crus nécessaire de l'en avertir. Il reçut cette nouvelle avec un véritable désespoir.

« O mon Dieu ! s'écria-t-il, épargnez ma vue ! La misère, j'y étais fait : c'était mon lot ; je ne l'ignore pas. Mais être aveugle, mon Dieu !

— Je ne puis et ne dois pas vous tromper : une application soutenue, telle que celle à laquelle vous vous livrez depuis que je vous connais, vous ferait infailliblement perdre les yeux.

— Mais, docteur, reprit-il d'un ton plein d'amertume, cela vous est bien facile à dire. Comment ferai-je, je vous prie ? Vous m'ordonnez de me reposer : mais comment vivre ? Comment nourrir ma femme et mes enfants ? L'argent me tombera-t-il du ciel ? Que deviendrons-nous, mon Dieu, et dans un moment comme celui-ci, lorsque ma femme est sur le point d'accoucher ? Quelles ressources ? quelles espérances? Que devenir? Dieu merci; ma femme ne sait pas ce que vous venez de me dire : n'allez pas le lui apprendre, docteur; je vous le défends. Je regrette aujourd'hui qu'Hallory ne m'ait pas fait pendre ou exporter... Marie et moi, nous aurions été moins malheureux. Maintenant, hélas ! si je mourais, quel bien cela lui ferait-il ?... »

Sa tête retomba entre ses mains, et ses larmes coulèrent.

Nous entendîmes alors le pas fatigué de Mme Elliott, qui remontait l'escalier : elle s'assit près de moi et me regarda d'un air triste et morne. Son mari me fit signe de me taire ; les yeux de la pauvre femme s'arrêtaient toujours sur moi comme si elle eût deviné quelque nouveau malheur. Je me contentai de lui dire qu'il était à désirer que son mari travaillât le moins possible pendant la nuit, parce que, ajoutai-je, les meilleurs yeux résistent difficilement à l'effet combiné de la flamme vacillante, du papier blanc et de l'encre noire.

Pendant les huit jours qui suivirent cette entrevue, M. Hallory fit plusieurs pertes, si l'on peut appeler pertes la mort de parents pour un tel homme. La vieille tante que j'avais soignée mourut ; un de ses frères, capitaine de vaisseau, périt dans un naufrage, et, ce qui dut toucher surtout Hallory, une cargaison fort précieuse, appartenant aux deux frères, fut engloutie. Lord Scamplett, devenu son ami intime, fut arrêté pour dettes et jeté dans la prison de la Flotte, où il se suicida. J'appris que ces divers événements, singulièrement groupés par le hasard, avaient produit une impression profonde sur l'homme cruel que je n'avais pas pu émouvoir. Je causai longtemps à ce sujet avec Mme Elliott, qui avait pris, comme je l'ai dit, la résolution de ne plus s'exposer aux brutalités de son père : mais il me semblait que, si jamais circonstance favorable pouvait se présenter, c'était celle-ci. Hallory restait seul dans le monde : peut-être un remords viendrait-il à naître dans son cœur. La grossesse de Mme Elliott avançait, la santé d'Eugène baissait toujours ; il ne fallait négliger aucun moyen de salut. Elle y consentit en pleurant. Son mari pensa comme moi ; lui donna le bras jusqu'à l'église de la Toussaint, et l'attendit auprès de cette église. Elle quitta son bras sans rien dire et s'avança, le cœur palpitant, du côté de cette maison redoutée, dont les fenêtres, donnant sur le square, étaient fermées depuis la mort de la tante, et dont le seul aspect la faisait trembler. Marie s'appuya sur la grille de fer, dont les maisons de Londres sont entourées. Là, sa mère était morte ; là, elle avait longtemps souffert ; là demeurait son père implacable et mortellement offensé. Elle essaya vainement de reprendre courage, et ne pouvant vaincre son trouble, elle fit signe à son mari, qui revint lui donner le bras, et qui lui fit faire lentement le tour du square. Elle se calma un peu et s'arrêta enfin devant ce portique fatal, devant cette porte, qui lui semblait inexorable et terrible comme son père ; enfin sa main tremblante souleva le marteau.

— Que voulez-vous? lui demanda de la cuisine un domestique qui, à son costume, la prenait pour une femme du peuple.

— Je voudrais parler à Joseph.

Joseph était un vieux concierge qui avait vu naître Marie : il se montra.

— Joseph, Joseph, lui dit-elle, je me sens bien mal, voulez-vous me permettre de m'asseoir ?

Joseph jeta les yeux autour de lui, derrière lui.

— Ah ! mon Dieu, ma jeune maîtresse !

Et comme elle était prête à s'évanouir, il la soutint, puis il la fit entrer et s'asseoir dans son grand fauteuil et lui offrit un verre d'eau, dont il mouilla d'abord ses tempes, et qui lui rendit l'usage de ses sens.

— Remettez-vous, mademoiselle... madame, reprit-il. Restez..., reposez-vous ; je crois qu'il n'y a pas de danger : tous les domestiques sont occupés maintenant. Je ne crains que miss Gubbley. Vous savez, madame, quel malheur est arrivé ?...

Marie fit signe que oui et sanglota.

— Ma pauvre tante m'aimait..., elle !... et mon père ? ajouta-t-elle d'un ton si bas que Joseph devina ce mot plutôt qu'il ne l'entendit.

— Votre père se porte assez bien ; le premier moment de chagrin est passé.

— Et s'il savait que je suis ici ?...

— Ah ! madame pouvez-vous me faire cette question ? Si vous saviez combien il est devenu sévère. Il nous a dit que le premier qui vous laisserait entrer ici serait chassé à l'instant. Nous avons été bien affligés, mademoiselle : tout le monde vous pleurait. Vous feriez peut-être bien d'entrer chez la femme de charge, qui aurait plaisir à vous revoir : s'il arrivait quelque chose, vous pourriez vous esquiver sans que personne vous vît, par la porte de derrière.

— Non, mon bon Joseph, reprit-elle, je ne veux pas que l'on se compromette pour moi. J'attendrai dans la rue la réponse à cette lettre.

Il prit la lettre avec une certaine hésitation et secoua la tête.

— Oh ! je vous en prie, Joseph, prenez cette lettre, portez-la : je demande seulement à mon père l'argent nécessaire pour porter le deuil ; car je n'ai pas d'argent.

— Ma pauvre jeune maîtresse ! j'y sacrifierai ma place ! oui, oui, je la porterai... Ce n'est pas du vieillard que j'ai peur, continua-t-il en baissant la voix : c'est de cette mauvaise miss Gubbley qui fait marcher toute la maison comme elle veut. Ne sortez pas ; attendez-moi ; mais vous ouvrirez la porte et vous vous en irez si vous m'entendez tousser sur l'escalier.

Joseph disparut et monta les marches d'un pas rapide. Le nom de miss Gubbley avait laissé dans l'esprit de Marie une impression de dégoût et presque d'horreur. Les pulsations du cœur de la pauvre jeune femme devenaient rapides et insupportables ; enfin Joseph redescendit.

— Impossible, mademoiselle, lui dit-il, de pénétrer jusqu'à monsieur votre père. J'ai rencontré cette odieuse miss Gubbley dans la galerie qui conduit à son cabinet. Elle m'a arraché la lettre des mains, et m'a dit que si cela m'arrivait jamais, j'étais chassé. Elle m'a traité d'audacieux, d'insolent, de misérable. Quand elle a su que vous étiez en bas, elle a secoué la tête en disant : « C'est bien digne d'elle ! Elle n'a rien à faire ici : son père ne veut pas la voir. Il n'y a pas trois jours, il répétait encore à propos d'elle son mot ordinaire : *comme elle a fait son lit qu'elle se couche !* » D'ailleurs c'est sa faute, et qu'elle compte bien que son père ne lui pardonnera jamais.

— Voilà ses paroles : madame, elle vous envoie en même temps ces deux guinées, à condition que vous ne reparaîtrez plus ici.

Il y avait trois guinées dans la main du pauvre Joseph, qui en avait ajouté une et qui essayait de les glisser ensemble dans la main de sa jeune maîtresse. Pendant que Joseph parlait, Marie n'avait ni bougé ni remué les lèvres.

— Joseph, lui dit-elle enfin d'un ton lent, posé, presque solennel, merci ! Je vous demande encore un service. Je suis bien faible, je ne peux pas bouger de ce fauteuil. Aidez-moi, soulevez-moi.

Il la souleva. A peine debout, elle retomba à genoux ; mais Joseph qui sentait la débilité de la pauvre femme, la soutenait encore. Elle ramena doucement ses deux mains croisées sur sa poitrine ; et pria pendant quelques minutes, les yeux élevés vers le ciel, pendant que Joseph (que l'émotion avait gagné) mêlait ses pleurs et ses prières à celles de Marie. Elle se leva doucement et en silence ; et se dirigea vers la porte après avoir déposé sur une petite table les trois guinées. Il voulut la guider et la soutenir encore.

— Non, lui dit-elle, je vais mieux ; M. Elliott m'attend dans la rue.

— Pauvre monsieur ! s'écria Joseph en secouant la tête pour faire tomber une larme ; et il essayait de placer de force dans la main de la jeune femme les trois guinées enveloppées dans du papier.

— Non, non, s'écria Marie ; ce qui est à vous je ne puis vous le prendre ; et ce qui est à elle je ne veux pas le recevoir. Dieu ne permettra pas que je meure de faim !

Elle ouvrit la porte et marcha d'un pas plus ferme que lorsqu'elle était entrée ; son mari l'attendait deux ou trois portes plus loin. Il la sentit toute tremblante en lui donnant le bras, et la soutint jusque chez elle.

— Eh bien ! lui demanda t-il d'une voix inquiète et étouffée.

Elle montra du doigt la maison de son père et répondit :

— De ce côté, pas d'espoir pour nous.

Le malheureux ne put s'empêcher de murmurer une sourde malédiction.

— L'espoir ne peut nous venir que de Dieu, reprit-elle. Dieu seul est pour nous, il ne nous laissera pas périr. Mais dépêchons-nous un peu, Henri doit s'ennuyer.

Le jeune homme ne parla plus. Son sourcil qui

s'abaissait, les rides de son front plissé, annonçaient qu'il ne partageait pas la douce et profonde résignation que sa femme devait à je ne sais quelle grâce d'en haut. Il y a dans l'existence morale des hommes, une situation affreuse qui est à leur santé intérieure, ce que la nausée est à l'existence physique; un dégoût profond et incurable, un délaissement de soi-même, un anéantissement plus affreux que le désespoir. L'homme vaincu par la destinée devient machine, les ressorts de sa vie sont tout mécaniques; son corps a beau soutenir le poids ordinaire de l'existence, l'âme est descendue dans le tombeau : divorce fatal qui conduit au suicide plus d'un malheureux! Pendant que la pauvre femme pressait, en souriant, contre son sein, l'enfant qui allait bientôt avoir un frère, Eugène plaçait machinalement sur son front l'abat-jour de soie verte que je lui avais conseillé de porter; puis s'asseyant devant sa table d'étude et laissant tomber sa tête entre ses mains, il lui sembla qu'il aperçevait d'un seul coup d'œil toute l'horreur de sa situation. Le douaire de sa femme, les six cents livres sterling qu'elle lui avait apportées, se trouvaient réduites à dix livres seulement. Pendant ses couches, son travail à l'aiguille allait se trouver nécessairement suspendu. Eugène menacé d'ophthalmie ne pouvait continuer à travailler. Je lui conseillai d'aller demander avis au célèbre docteur T... qui donne des consultations gratuites à l'hospice ophthalmique, excellente institution de Londres, dirigée avec beaucoup de soin. Pendant une de ces absences matinales, j'eus la joie de placer entre les mains de Mme Elliott vingt livres sterling, fruit d'une petite collecte que ma femme avait faite. Je lui remis en même temps un petit billet où ma femme la priait de lui envoyer l'enfant et de le lui laisser jusqu'à la fin de ses couches. Ce témoignage d'affection parut étrange et nouveau à Mme Elliott, qui fondit en larmes.

— Vous dirai-je maintenant, s'écria-t-elle, docteur, un plan que je viens de former, ne m'en détournez pas, je vous prie ; d'abord vous auriez tort : puis ce serait difficile : notre logement est bien petit, mon mari est souffrant ; et quelle que soit la noblesse et la générosité de votre caractère, vous avez d'autres devoirs à remplir. Dans ma situation je ne pourrais obtenir les soins les plus ordinaires, tout en gênant et en troublant beaucoup mon mari. Elle fit une pause et me regarda attentivement pendant que je l'écoutais.

— Ne pourriez-vous, docteur, continua-t-elle... (j'y ai beaucoup et sérieusement pensé)..., ne pourriez-vous me procurer une admission... à la Maternité ?... J'y suis résolue..., et cette résolution me coûte ; mais c'est une bonne pensée qui m'est venue : là je serai bien soignée et ne coûterai rien à mon mari.

Je ne savais que répondre à cette femme excellente et dévouée. Emu de ce contraste, de ce courage héroïque, de cette jeunesse faible, les larmes me vinrent aux yeux ; elle, cachant sa figure dans son mouchoir, pleura amèrement.

— Mon mari recevra tous les jours de mes nouvelles ; et, si Dieu me soutient, nous pourrons dans l'espace d'un mois, nous retrouver, nous encourager, nous soutenir encore... S'il est bien vrai que la présence de mon enfant chez vous ne vous cause aucune gêne, continua-t-elle, avec des sanglots, je serai bien heureuse.

— Jamais M. Elliott n'y consentira, j'en suis certain ; et quand même je ferais toutes les démarches, elles deviendraient inutiles.

— Oh ! docteur, non certainement, il m'aime trop, je ne lui en parlerai pas ; je m'y rendrai pendant sa consultation du matin ; il trouvera une lettre de moi en rentrant : je crains seulement qu'il ne m'en veuille beaucoup.

Le lendemain, il me remit son enfant ; et je me rappellerai toujours l'air de résignation et de résolution mélancolique avec lequel il porta le pauvre petit jusque dans ma voiture. Quant à sa femme, elle semblait redoubler de soins affectueux à mesure qu'elle voyait approcher le jour d'une séparation qu'il ne prévoyait pas. Il s'étonnait de ce que l'on ne faisait aucuns préparatifs pour la naissance de l'enfant ; mais la santé de Marie qui n'était pas mauvaise pour la circonstance, le rassurait et le consolait un peu. Quand elle eut mis en ordre tout ce qui lui appartenait elle écrivit la lettre suivante à son mari, lettre que j'ai précieusement conservée et qui m'a semblé touchante :

« Cher Eugène, voici bientôt le moment d'une épreuve à laquelle j'étais préparée : j'avais besoin d'un asile, et Dieu me l'a indiqué. Non, vous que j'aime, je ne puis supporter l'idée d'augmenter vos souffrances par le spectacle des miennes : quelques moments à passer, un peu de courage, et voilà tout, nous serons réunis et Dieu nous donnera des jours plus heureux. Oh ! je t'en supplie, Eugène, ne te courrouce pas contre moi ; ne m'en veux pas d'une démarche que je crois raisonnable et utile ! Le docteur affirme que je serai très-bien soignée ; il sait que rien n'est négligé à l'hospice de la Maternité où je vais. Un peu de courage encore, Eugène : la seule consolation de ma vie, c'est toi ; tu es l'unique délice que le ciel m'ait laissé. Comme j'ai prié pour toi ! comme je prierai encore ! Je te laisse ma Bible : relis, pendant mon absence, les pages que nous aimions. Il faut absolument sortir et te promener, au lieu d'user ta vue et d'épuiser tes forces comme tu le fais trop souvent. »

« *P. S.* Tu trouveras dans le tiroir de la table de noyer quelques vêtements que j'avais préparés pour notre Henri. J'étais si pressée quand le pauvre enfant est parti, que je les ai oubliés. Le docteur assure qu'on te permettra de venir me voir tous les soirs avant mes couches. Viens, cher Eugène, viens. »

Mme Elliott m'avait fait promettre d'aller rendre visite à son mari, le soir même ; je n'y manquai pas.

— Comment se trouve M. Elliott? demandai-je à la femme qui m'ouvrit la porte ; « est-il chez lui ? »

— Oui, monsieur, répondit la vieille ménagère. Mais cela ne va guère bien ; depuis le départ de sa femme, il n'a pas voulu manger un morceau de pain.

J'entrai chez lui, il était assis devant une petite table sur laquelle brûlait une chandelle à la mèche charbonnée. Devant lui se trouvait la lettre tout ouverte que sa femme lui avait écrite. Il leva la tête quand j'entrai et s'écria :

— O docteur! c'est là quelque chose d'affreux! me voilà seul, tout seul!

— Cher M. Elliott, un peu de courage! un peu de modération! cet exemple que votre femme vous donne, sachez le suivre.

— Je le devrais, sans doute! mais je suis si misérable! Si vous saviez quel démon me tourmente et me ronge le cœur! C'est donc moi qui l'ai perdue! moi qui l'ai entraînée! Sa ruine et sa mi ère, elle me les doit à moi seul. Une malédiction pèse sur nous, Hallory nous a maudits!

— Une malédiction injuste est sans effet. Remettez-vous, reprenez courage.

— Oui, elle est injuste ; hélas, cela est vrai. Ma tête se perd, je le sens ; c'est cette lettre, cette lettre de Marie qui a renversé toutes mes résolutions et détruit tout mon courage. Prendra-t-on soin d'elle, docteur, en êtes-vous bien sûr ?

— J'en suis certain. Je ne crains pas de dire que les maisons les plus riches obtiennent difficilement à prix d'or les mêmes soins que ces institutions prodiguent aux femmes qui se refugient dans son enceinte. Je vous promets, cher Elliott, de visiter Mme Elliott tous les matins ; bien que cela ne soit point nécessaire.

J'essayai de le calmer, j'y parvins à peu près. La résolution que venait de prendre sa femme, l'imprévu de cette résolution, le profond dévoûment qu'elle attestait et dont elle était le résultat, la crainte trop naturelle que, pour prix d'une conduite si généreuse, elle ne fût mal soignée : tout remplissait d'amertume et de larmes le cœur du malheureux jeune homme. Le matin même, le directeur de l'hospice ophthalmique auquel je l'avais recommandé lui avait adressé plusieurs questions, de ce ton équivoque qui annonce peu d'espoir et qui n'avait pas échappé à l'observation du malade. Sa situation morale m'affligeait encore plus que son état physique. C'était quelque chose de définitivement désespéré, de profondément abattu sous les coups du sort. Il me sembla que le seul moyen de raviver un peu cette énergie chancelante et prête à succomber, c'était de faire voir et embrasser à M. Elliott son enfant dont ma femme s'était chargée.

En effet, je le lui amenai le lendemain matin (c'était un dimanche) et je fus fort étonné d'apprendre qu'il était sorti sans m'attendre. Je me dirigeai vers l'église voisine et ne l'y trouvai pas. Voici ce qu'il avait fait : mu par une de ces étranges détermina-tions qui naissent de l'extrême douleur, et qui ap-prochent de l'insanité, il s'était rendu à l'église que M. Hallory avait coutume de fréquenter. Au milieu du service, dans un moment de repos où la congré-gation s'apprêtait à écouter le ministre, il s'était ap-proché doucement de M. Hallory qui se tenait de-bout et avait frappé légèrement sur son épaule.

Le marchand se retourne.

— Regardez-moi, monsieur, s'écrie Eugène!

Le vieillard reste un moment muet et comme frappé de paralysie. Elliott sort, à l'instant où la congrégation quitte l'église. M. Hallory, prêt à re-monter dans sa voiture, jette autour de lui des re-gards effrayés. Il aperçoit encore Elliott qui l'attend sous le portique et lui dit :

— Je m'appelle Elliott, votre fille est ma femme, elle meurt de faim à l'hôpital, entendez-vous.

— Elliott! Elliott! s'écria le vieillard épouvanté ; renvoyez-le, protégez-moi!

En effet, les domestiques du millionnaire repous-sèrent violemment le jeune homme et aidèrent Hal-lory à remonter dans sa voiture. J'étais revenu chez lui et je l'attendais avec beaucoup d'impatience, lors-qu'il rentra après avoir achevé cette inutile et folle expédition qu'il me raconta dans le plus grand détail, et dont je n'eus pas besoin de lui faire sentir la complète insignifiance.

— Oh ! je le sais, docteur, me dit-il, je le sais bien ; je n'ai pu résister à une impulsion insensée ; c'est une absurdité ! Je voulais que cet homme me vît, qu'il entendît ma voix : triste et faible vengeance ; la seule qui fût en mon pouvoir. Je le sens mieux que jamais, l'espérance est perdue ; tout est fini : rien ne doit plus me troubler ; et j'aperçois mon sort tel qu'il est... Si ma femme mourait, ajouta-t-il d'un ton calme qui m'effraya beaucoup, quelle impression cela pourrait-il-faire sur M. Hallory ? jetterait-il ses enfants sur le pavé, comme il y a jeté sa fille ? sa haine la poursuivrait-elle dans le tombeau ? Qu'en dites-vous, docteur ?

Il prononça ces questions d'un air si posé, avec tant de sang-froid, que je fus d'abord embarrassé de lui répondre.

— Il faudrait qu'il eût un cœur de pierre pour ne pas se laisser toucher, lui dis-je enfin : mais un évènement si terrible n'est pas nécessaire. La conduite d'Hallory est contre nature, et tôt ou tard...

Elliott secoua la tête.

— Sa solitude sera troublée de remords, la vieillesse, avant-courrière de la dernière agonie, lui donnera des avertissements terribles. Espérez donc, mon cher monsieur ; tant de souffrances ne peuvent durer. Quant à votre femme, on vous a dit sans doute que sa situation est aussi bonne que l'on peut s'y attendre.

— Ses premières couches ont été bien pénibles.

— Les secondes le sont rarement.

— Mais quel misérable asile, docteur, avons-nous à offrir à ce nouveau-né ?

Je ne pus lui répondre que par ces vagues espérances dont tout le monde connaît l'incertitude et le vide. Il se faisait tard, son enfant s'était endormi sur ses genoux, je fis approcher un fiacre, j'emmenai le petit et je quittai Elliott.

Ce courage que je voyais s'éteindre se ranima, lorsque le jeune homme apprit que le moment de l'accouchement prochain était arrivé. Maigre et hagard, il se promenait de long en large devant l'hospice, accablant de questions inutiles et de recommandations sans résultat ceux qui entraient dans cet établissement ou qui en sortaient. Ce fut bien pis, lorsque le concierge, fatigué de ses prières et de ses interrogations, lui apprit qu'une hémorrhagie violente s'était déclarée et qu'il avait à craindre pour les jours de sa femme. Le malheureux jeune homme courut chez moi ; je ne m'y trouvais pas : il me suivit chez tous ceux de mes malades dont on put lui indiquer le nom. A peine eus-je reçu cette triste nouvelle, je partis pour l'hospice avec Elliott que je laissai dans mon cabriolet à la porte de l'établissement ; ses craintes n'étaient que trop fondées, la vie de Mme Elliott ne tenait plus qu'à un fil. Au moment où, debout près du lit de souffrance, je contemplais douloureusement cette pauvre victime, la garde-malade me fit un signe. Je la suivis dans un coin de la chambre et elle me dit :

— Savez-vous, monsieur, que le mari de cette dame est dans un état affreux ? Le concierge monte à chaque instant ; il ne sait comment se débarrasser de ce furieux qui veut briser les portes, entrer de force dans l'hospice. Vous sentez que nous ne pouvons laisser pénétrer personne dans nos salles ! En vérité, vous devriez descendre : je crains que cela ne cause du scandale.

Je franchis les escaliers et quand je fus en bas, je vis Elliott, les bras tendus à travers la grille, pendant qu'un garde de nuit (watchman) et le concierge de la maison essayaient de l'arrêter et d'étouffer ses cris.

— Vit-elle, vit-elle encore ? » demanda-t-il dès qu'il m'aperçut ?

— Oui, mais vos cris, M. Elliott, se font entendre de manière à troubler toute la maison : s'ils parviennent jusqu'à elle, elle en mourra.

— Elle vit donc encore, elle vit ! Vous ne me trompez pas !

— Voilà, monsieur, interrompit le garde-de-nuit, comment il a été depuis hier au soir.

— Au nom du ciel, Elliott, calmez-vous ! votre femme est vivante.

— Ne vaudrait-il pas mieux l'emmener ? reprit encore le garde. Il met tout l'hospice en rumeur, et le concierge ne sait plus que devenir.

— Oh ! laissez-moi ici, laissez-moi ici !... Tout ce que j'ai au monde, je vous l'offre : il me reste quarante livres sterling.

— Ne touchez pas à cet homme ; dis-je au watchman.

— O merci, merci, que Dieu vous bénisse ! puis se retournant vers l'homme de police et d'un ton si douloureux que mon cœur se brisait :

— Ne m'arrachez pas d'ici, je vous en prie ! Ma femme est là ; elle est mourante... Attendez, voici quelqu'un... Silence.

En effet, une femme de service que j'avais chargée de me donner des nouvelles de Mme Elliott, vint me dire quelques mots à l'oreille.

— Donnez-moi la main, dis-je au jeune homme, lorsque je l'eus entendue ! Tout le péril est passé, votre femme vivra !

Il serra fortement de ses deux mains jointes les barreaux de la grille ; et son silence d'un instant me sembla révéler une prière d'ardente reconnaissance. Mais deux minutes après, il se retourna vers l'homme de police dont il prit la main, qu'il serra fortement dans sa joie insensée.

Peut-être cette agitation excessive lui porta-t-elle le dernier coup ; elle augmenta la fatigue de ses yeux et lui causa une surexcitation morale trop intense pour les forces humaines ; je le saignai trois fois et je parvins à ce prix à lui rendre un peu de calme. Cependant il fatiguait toujours de ses visites inopportunes et de ses questions incessantes les préposés de l'établissement, qui finirent par prendre leur parti et refusèrent de lui répondre. Ma femme alla voir Mme Elliott dont la santé ne se rétablissait que lentement, et que l'inquiétude sur la situation de son mari éloignait de la convalescence. Pauvre créature ! quel spectacle l'attendait chez elle ! Un malheur si profond et si peu mérité nous avait décidés à doubler, en faveur des Elliott, la somme, produit de notre récente collecte, et j'avais mis dans mon tiroir cent livres sterling de côté, lorsqu'un nouvel événement vint changer le cours de ce drame douloureux.

Il était neuf heures du matin et j'allais commencer ma tournée, quand le domestique me remit un paquet de lettres. J'étais pressé ; je les mis dans ma poche, comptant les lire en cabriolet ; mais il me sembla qu'un cachet noir se trouvait sur l'une de ces lettres qui avait la forme d'une dépêche : remettant la main dans ma poche, j'examinai les enveloppes l'une après l'autre ; j'en tirai une enveloppe avec cachet noir, contenant quatre lettres scellées de cire noire ; l'une portait pour suscription : *Monsieur Hallory ;* l'autre, *Madame Elliott ;* une troisième, *Henry Elliott ;* et enfin une quatrième, *Monsieur le docteur W.....*, c'était moi-même. Je replaçais précipitamment les autres lettres dans ma poche, lorsque je vis entrer ma femme qui conduisait par la main le petit Henry. Mes lettres à la main, et sans les avoir encore décachetées, je reconduisis ma femme jusqu'à la porte, et la poussant doucement, je la fis sortir de la chambre. Puis d'une main tremblante, je décachetai la lettre qui m'était adressée. Ma consternation fut grande, en lisant ce qui suit :

« Quand vous parcourrez ces lignes, cher et compatissant docteur, je reposerai doucement dans le sein de la mort ; tout sera fini. Un misérable de moins sur la face du globe, voilà tout !

» Dieu, devant qui je vais paraître, aura peut-être pitié de moi ; peut-être me pardonnera-t-il de m'être présenté avant l'heure. Je ne pouvais pas vivre. J'ai senti l'approche lente de cette dernière calamité qui, en me privant de la vue, me réduisait à la misère. J'ai vu ma femme au désespoir ; pas un morceau de pain devant elle, pas un fragile espoir pour elle et pour son fils.

» Comme elle m'a aimé ! Cette affection je la lui ai rendue, c'était tout ce que je pouvais. Elle saura plus tard que la dernière action de ma vie est encore une preuve de mon amour pour elle. C'est moi seul que son père déteste ; c'est moi qui l'ai entraînée. J'espérais vaincre les difficultés d'une vie sans fortune et sans appui ; j'ai lutté ; j'ai mangé un pain noir et amer ; j'ai veillé tard ; j'ai abrégé mon sommeil, je n'ai pu réussir.

» Mais la destinée était plus forte. Que cet obstacle disparaisse, qu'Eugène Elliott sorte du monde, portez cette nouvelle vous-même à Marie. Le père recevra sans doute ensuite sa fille. Je le pressens, j'en suis sûr. Chargez-vous aussi de mes lettres pour mon fils et pour M. Hallory. Que mon fils ne me renie pas !

» Et vous le meilleur des hommes, mon seul ami, pardonnez-moi toute la peine que je vous ai causée. Que Dieu vous récompense ; ma dernière pensée est à vous.

» C'est fini, je suis calme. L'amertume de la mort est passée. Adieu ! Je crois déjà sentir le couvercle de la tombe qui se ferme sur mes débris et leur assure la paix. Je n'ai pas peur. Cette nuit, avant que la lumière qui brûle devant moi soit éteinte... O Marie, Marie, nous retrouverons-nous ? »

» E. E. »

Je relus cette lettre plusieurs fois : chaque paragraphe effaçait de ma mémoire le paragraphe précédent. J'ouvris machinalement celle qui était adressée au jeune enfant : j'y trouvai une boucle de cheveux et un verset de la Bible, copié d'une écriture très-lâche et irrégulière.

« J'ai désiré la mort. Pourquoi n'ai-je pas appelé mon fils ? Quand je serai mort, mon fils, ensevelissez-moi ! N'ayez pas de mépris pour votre mère. Souvenez-vous qu'elle a couru beaucoup de danger pour vous, quand vous étiez dans son sein.

» Ensevelissez-moi avec elle dans un même tombeau.

» C'est ainsi, mon fils bien-aimé, que votre père vous écrit, à deux doigts de la mort. Souvenez-vous! »

Je me rendis en toute hâte chez le malheureux, dont je trouvai la propriétaire alarmée, la chambre déserte dès le matin, et sur lequel je ne pus obtenir aucun renseignement.

Des fragments de papiers griffonnés couvraient le parquet. Aucune indication ne pouvait m'instruire sur la direction qu'il avait prise. Je pensai d'abord à le réclamer par la voie du journal, de l'affiche et de l'annonce. Mais s'il était trop tard, si sa femme venait à l'apprendre ; n'allais-je pas la tuer à son tour, et sacrifier une seconde existence à un espoir chimérique ?

La police ne put rien m'apprendre. Le lendemain soir, les journaux rapportaient qu'un jeune homme s'était noyé dans la Nouvelle-Rivière et que l'*enquête de la couronne* s'occupait de ce suicide. Je me rendis aussitôt à l'auberge du faubourg où le cadavre était déposé. Hélas ! dans quel état retrouvai-je ce père et ce mari ! ce jeune homme plein d'espérance ! Le corps était enveloppé de vêtements humides, les yeux ouverts et vitreux ; les mains serrées dans l'agonie de la mort. Je trouvai à peine la force de donner au jury les renseignements indispensables pour que le *verdict* ne condamnât pas ses restes à une punition infamante. Il y avait longtemps que je craignais ce dénoûment : le poids de la vie semblait trop lourd à Eugène. Dans ce triste sillon où il était engagé, la misère seule germait ; il n'y pouvait récolter que le malheur.

J'écrivis à Mme Elliott un billet où, par un innocent mensonge, je lui annonçai que j'avais vu son mari, et qu'elle eût à ne pas s'inquiéter. Puis, je revins chez moi plein de tristesse : j'échangeai à peine quelques paroles brèves et tristes avec ma femme, et, poussé par un sentiment d'horreur et de vengeance, je me rendis chez Hallory.

Il était huit heures, lorsque mon cabriolet se trouva devant la porte de ce bourreau.

« Frappez fort, dis-je au domestique ! »

Le marteau ébranla toute la maison : un valet se présenta. Son maître ne recevait personne, disait-il. J'entrai malgré lui et j'écartai de la main miss Gubbley qui se récria contre mon insolence. On pouvait lire dans les rides qui sillonnaient ce visage jeune encore, un mélange odieux des vices du sycophante et de la cupidité de l'avare.

— Vous me pardonnerez, madame, lui dis-je, il faut que j'entre ; j'entrerai ! Je veux voir M. Hallory, et à l'instant même !

— Cette conduite est étrange, docteur, balbutia-t-elle ! M. Hallory vous a déjà répondu !...

— Allons donc !...

Et je pénétrai dans le cabinet où le marchand enrichi, étendu sur un sopha de velours rouge, paraissait sommeiller. Il se frotta les yeux, se souleva un peu et me reconnut.

— Docteur! s'écria-t-il, d'un air aussi épouvanté que surpris, qu'est-ce que cela signifie? Et que me voulez-vous ?

— Je n'aurais pas remis le pied chez vous, si quelque chose d'important et qui vous concerne ne devait vous être communiqué. Voici une lettre qui vous regarde.

Il vit le cachet noir, pâlit, entr'ouvrit les lèvres et ne parla pas. Miss Gubbley entra, resta debout dans l'embrasure d'une croisée et fixa sur nous ses petits yeux étincelants.

— Je ne veux parler qu'à vous, repris-je, en montrant du doigt la femme qui m'observait.

— C'est odieux vraiment, s'écria-t-elle, vous ne devriez pas souffrir cela.

Mais Hallory lisait dans mon regard quelque chose de si décidé qu'il prévit que notre entrevue avait un grave motif. Il fit signe à cette femme de se retirer. Je rapprochai ma chaise du sopha d'Hallory, pendant que le vieux marchand arrêtait sur moi des yeux effrayés.

— Lisez cette lettre, lui dis-je, lisez-la !

Il la prit, regarda le cachet noir, puis la suscription ; retourna la lettre et reporta les yeux sur moi.

— Vous connaissez cette écriture !

— Non, murmura-t-il !

— Regardez-la encore, vous la connaissez !

Il plaça la lettre sur ses genoux tremblants, chercha longtemps ses lunettes dans la poche de son gilet, les plaça sur ses yeux d'une main frémissante, reprit la lettre avec le plus grand trouble, et sembla vouloir déchiffrer l'adresse.

— Je ne sais, reprit-il enfin!...

Je me taisais.

— C'est une écriture d'homme; oui, une écriture d'homme, je crois, s'écria-t-il, en me regardant par-dessus ses lunettes.

— Ce matin, monsieur, une enquête de la couronne à laquelle j'ai assisté s'est occupée d'un suicide. Cela vous regarde.

La lettre tomba de ses mains. Ses lèvres s'ouvrirent lentement.

— Samedi dernier, celui qui vous écrit s'est noyé. Ce matin j'ai vu le cadavre, étendu sur la table d'une auberge. Ses yeux ternes, ses lèvres contractées, ses cheveux massés par la boue et la sueur, m'ont fait penser à vous, monsieur, à vous; car vous l'avez tué. Cet homme est Elliott.

Ses lèvres remuaient sans qu'il parlât, sa physionomie avait pris une expression [illegible]. L'anéantissement qui accablait cet homme si dur m'étonnait moi-même. Miss Gubbley rentra sur la pointe du pied, cette vue le rappela à lui-même.

— Qu'elle sorte, qu'elle sorte, s'écria-t-il.

Ce fut le premier symptôme de l'inutile remords qui, pendant un mois entier, tortura ce vieillard coupable. Je ne forcerai pas le lecteur à me suivre plus longtemps dans cette carrière de souffrance dont nous allons atteindre le but. A quoi servit la fortune qu'il crut devoir laisser à sa fille ! L'existence était épuisée chez cette jeune femme, et j'essayai vainement d'adoucir pour elle la douleur de ce que j'avais à lui apprendre et l'amertume de son isolement ! Elle mourut d'une congestion cérébrale, quinze jours après son père, qu'une apoplexie foudroya. Son accablement profond ressemblait à la léthargie ; elle vivait réellement si peu que je regardai sa mort comme une grâce spéciale de Dieu. Chargé de soigner tour-à-tour et d'assister jusqu'au dernier moment les acteurs d'une tragédie bourgeoise dont rien n'effacera la trace dans mon esprit, je les vis descendre, l'un après l'autre, au tombeau que le suicide d'Elliott avait préparé. La destinée, cette Némésis des poètes, s'acquitta terriblement de son œuvre. Des angoisses incurables, une dévotion âpre et repentante, des souffrances physiques qui achevaient de l'irriter, rendirent affreuse la dernière agonie d'Hallory. Rétribution sans équité, qui frap[illegible] mêmes coups l'innocent et le coupable. Marie, à l'heure de sa mort, avait à peine la force de presser sur son sein le jeune Henry, qui existe encore à Londres, qui a recueilli seul la fortune de son grand-père, qui ne lira pas ces détails sans émotion, et dont je dois taire le véritable nom, comme j'ai dissimulé la situation des personnages trop réels que j'ai mis en scène.

FIN.

COLLECTION DIAMANT

A 1 FR. LE VOLUME.

BALZAC (H. de)...... **Les Fantaisies de Claudine.**
Théorie de la démarche (ouvrage inédit).

CHASLES (Philarète).... **La Fille du Marchand.**

DESPLACES (Auguste).... **Impressions et Symboles rustiques.**

GAUTIER (Théophile).... **Émaux et Camées**, 2e édition.
Celle-ci et celle-là.

GÉRARD DE NERVAL.... **Petits Châteaux de Bohême.**

GOZLAN (Léon)...... **Les Maîtresses à Paris**, 2e édition.
Comment on se débarrasse d'une maîtresse, avec une préface sur la Légèreté française.

HOUSSAYE (Arsène).... **La Vertu de Rosine** (nouvelle édition).

KARR (Alphonse)..... **Midi à quatorze heures.**
Proverbes.

LECOMTE (Jules)...... **Histoire d'un Modèle.**

MARTIN (N.)....... **L'Écrin d'Ariel.**

MÉRY........... **La Chasse au Chastre**, avec une préface sur Alexandre Dumas.

PRÉMARAY (Jules de)... **Le Chemin des Écoliers.**

STENDHAL (H. Beyle)... **L'Abbesse de Castro.**

Abbeville. — Imp. Jeunet, rue Saint-Gilles, 108.

BIBLIOTHÈQUE DE L'ESPRIT FRANÇAIS

Éditée par EUGÈNE DIDIER, rue Guénegaud, 25.

ÉDITIONS EN UN SEUL VOLUME FORMAT ANGLAIS, A 3 FR. 50 CENT.

Très-beau papier glacé et satiné. — Impression en caractères neufs.

AUTEURS DU 18e SIÈCLE.

D'Alembert. — Discours préliminaire de l'Encyclopédie. — Le Système du monde. — Correspondance littéraire. — Maximes et Pensées.

Boufflers. — Aline. — Le Derviche. — Tamara. — Ah! si... — Poésies. — Contes. — Fables. — Voyages.

Chamfort. — Caractères et portraits. — Nouvelles à la main. — Maximes et Pensées.

Duclos. — Mémoires. — Histoire de [illegible] de Luz. — Les Confessions du comte de [illegible]. — Acajou et Zirphile. — Considérations sur les mœurs.

[illegible] d'Épinay. — MÉMOIRES ET CORRESPONDANCE. — Lettres inédites de J.-J. Rousseau, Grimm, Voltaire.

Favart. — La Chercheuse d'esprit. — Les trois Sultanes. — Contes de Mme Favart. — Journal de Favart.

Fontenelle. — Entretiens sur les mondes. — Histoire des oracles. — Poésies. — Dialogues des morts. — Esprit de Fontenelle.

Grimm (LE BARON DE). — GAZETTE LITTÉRAIRE. — Histoire. — Philosophie. — Littérature. — Nouvelles.

Rivarol. — Maximes, Pensées et Paradoxes. — Études sur la langue française. — Philosophie. — Esprit de Rivarol.

AUTEURS DU 19e SIÈCLE.

Balzac (H. DE). — PHYSIOLOGIE DU MARIAGE (Nouvelle série). — Les petites misères de la vie conjugale. — Études de femmes.

Chasles (PHILARÈTE). — SCÈNES DES CAMPS ET DES BIVOUACS HONGROIS, pendant la campagne de 1848-1849.

Chasles (PHILARÈTE). — [illegible] VOYAGES OU RÉCITS DU MONDE NOUVEAU.

Granier de Cassagnac. — PORTRAITS LITTÉRAIRES.

Houssaye (ARSÈNE). — SOUS LA RÉGENCE ET SOUS LA TERREUR. TALONS ROUGES ET BONNETS ROUGES.

Houssaye (ARSÈNE). — LES FILLES D'ÈVE. — Les trois sœurs. — La bouquetière de Florence.

Karr (ALPHONSE). — GENEVIÈVE. Nouvelle édition, revue et [illegible].

Karr (ALPHONSE). — LE CHEMIN LE PLUS COURT. Nouvelle édition.

Karr (ALPHONSE). — UNE POIGNÉE DE VÉRITÉS. — La Sagesse humaine. — Les Chiens et les Amis. — Une histoire de Voleurs, etc.

Lafayette (G. DE). — DANTE, MICHEL-ANGE, MACHIAVEL.

Lecomte (JULES). — HISTOIRE MODERNE.

Lerne (EMMANUEL DE). — LES [illegible] CIÈRES BLONDES. — Deux nuits d'été. — La pantoufle rose. — Le château de Rouville.

Lerne (EMMANUEL DE). — AMOUREUX ET GRANDS HOMMES.

Méry. — LES NUITS ESPAGNOLES. La Villa amorosa. — La Danse de [illegible] Bianca, etc.

Nibelle (PAUL). — UN MYSTÈRE DE FAMILLE.

Nibelle (PAUL). — SIMPLES RÉCITS.

Ris (CLÉMENT DE). — PORTRAITS A LA PLUME. — Alfred de Musset. — Octave Feuillet. — Théophile Gautier, etc.

Stendhal (H. BEYLE). — DE L'AMOUR.

Abbeville. — Imp. de T. Jeunet, rue Saint-Gilles, 108.

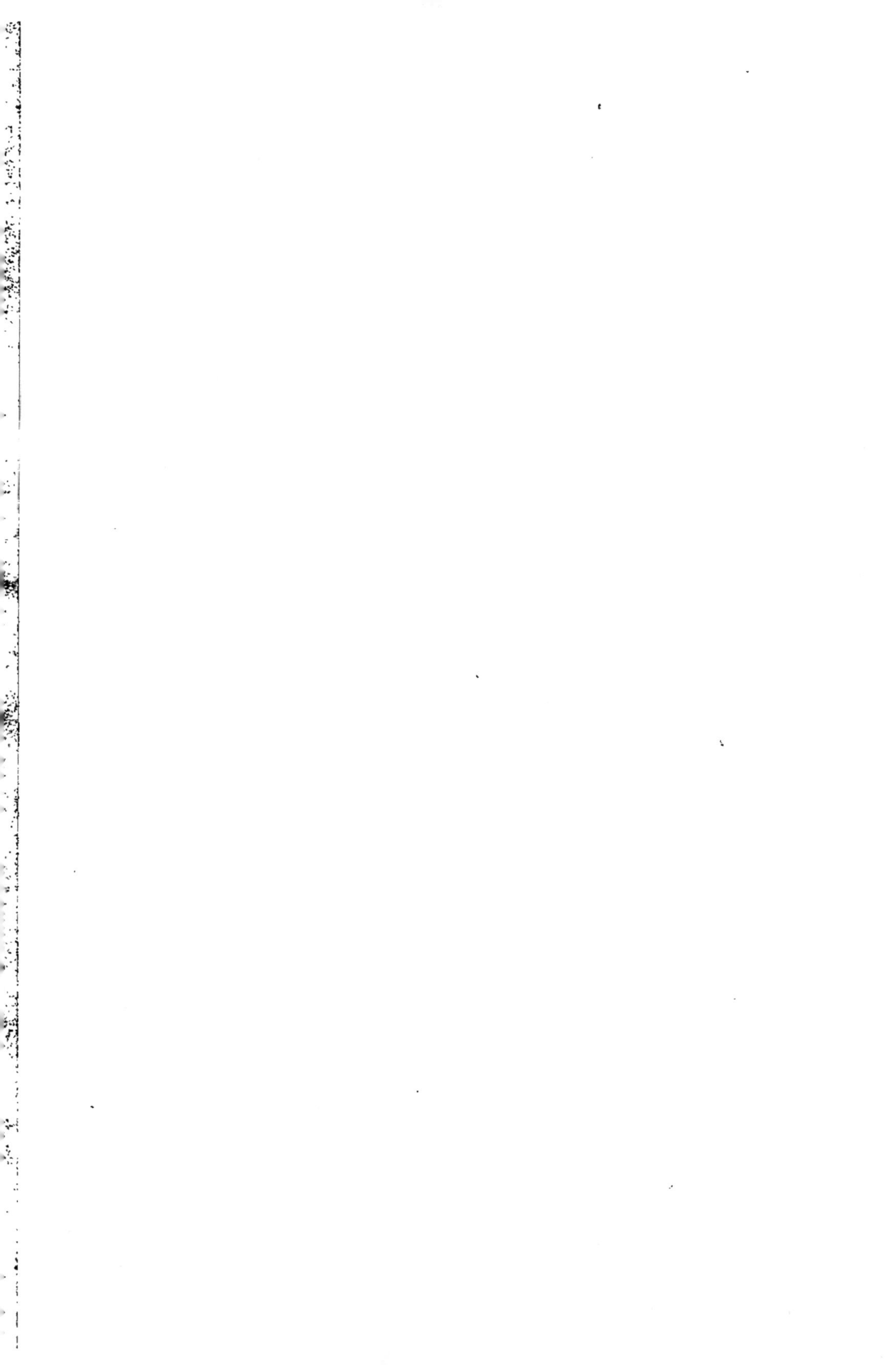

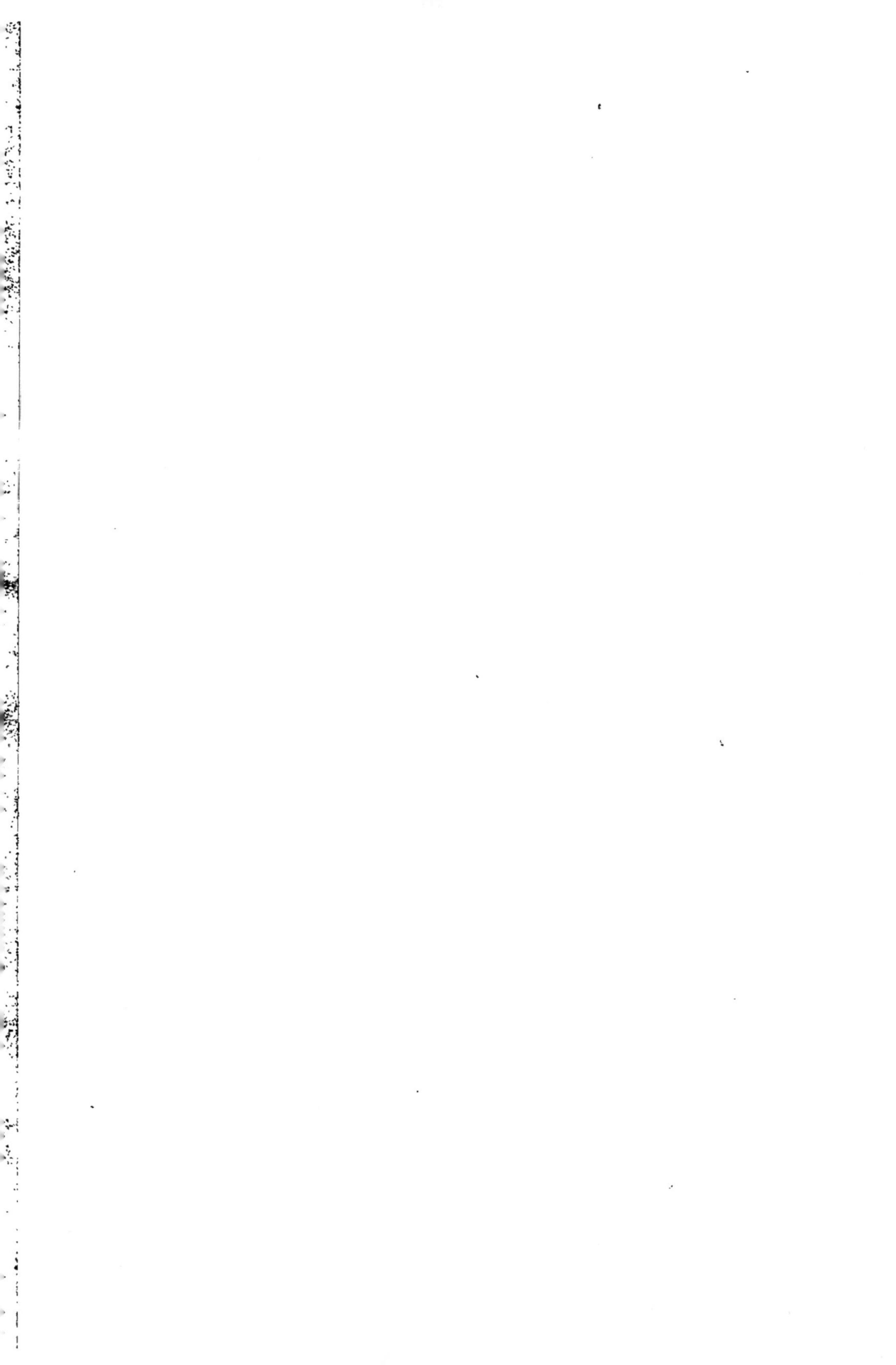